清水とき国際交流の記録

続 世界のきもの母さん

清水とき 著

ハースト婦人画報社

第一章　大使夫人と民族衣装

※本書は2019年から2023年に『美しいキモノ』に掲載された「清水ときの誌上きもの大学 大使夫人と民族衣装」を中心にまとめたものです。
※国名の五十音順に掲載しました。
（本書内の肩書はすべて取材時のものです）

清水とき先生の長年のきもの人生に敬意を表して

野田聖子（衆議院議員）

民族衣装で結んだ国際交流の貴重な記録である『世界のきもの母さん』が2019年に続きこの度、新たに上梓されましたことをお慶び申し上げます。

清水とき先生は私が活動の拠点としている岐阜県稲葉郡日置江村《ひきえむら》（現在の岐阜市の一部）で誕生され本年8月で百寿をお迎えになられます。心よりお祝い申し上げます。

常に、ふる里・岐阜へ想いをよせ、そのつきない愛情を原動力として、きもの文化の継承と発展にご尽力いただいていることはもとより、きものひとすじに情熱を向けた数多のご功績により勲四等瑞宝章、藍綬褒章、大臣表彰等を受章・表彰されておりますことは尊敬の念に堪えません。

特にライフワークのひとつにしておられる世界にきものを伝える活動は国際交流の重要な架け橋となっております。本書での彩り豊かな日本の伝統的民族衣装である、きもの及び世界各国の大使夫人の民族衣装姿の美しさには目を見張るものがあり、皆様の心に潤いを満たしてくださる一冊になることと存じます。

最後になりますが、清水とき先生におかれましては、これからもお身体ご自愛いただき、お健やかにすごされますよう、お祈りいたします。

きもののことを教えてくださった清水とき先生

司　葉子（俳優）

清水とき先生に初めてお目にかかったのは、平岩弓枝先生原作の老舗組紐店のお話で、テレビ朝日の連続ドラマ「花の流れ」の衣装合わせのときでした。全編きもので通す主人公役だったのですが、役柄と場面に合わせた衣装をコーディネートしていただきました。

それから60年以上の月日が経ちます。

このたび、ハースト婦人画報社から先生の著書が出版されると聞きました。心よりお喜び申し上げます。

先生のライフワークである「世界にきもの文化を広める」というお仕事は、長年続けた世界各国の駐日大使夫人との民族衣装での交流や、たびたび海外で催してこられた「きものファッションショー」という形で豊かに実ったと思います。

外国の方がきものをお召しになるときは、いつも先生がアドバイスなさったのを覚えています。

『美しいキモノ』誌上で連載された国際交流の記録が、2019年にまとめられた『世界のきもの母さん』に続き、続編が出版されますことは、先生の努力の結晶がまたひとつふえることとなります。

先生が白寿をお迎えになったことをお祝い申し上げつつ、私の祝辞といたします。

第一章

大使夫人と民族衣装

清水ときさんは世界各国の大使夫人と民族衣装での交流を続け、
２０１５年春号から２０１９年夏号まで『美しいキモノ』誌上で連載されたページは
毎回大好評を博し、その17カ国との交流の記録は前作『世界のきもの母さん』にまとめられました。
今回は第2弾として２０１９年秋号から２０２３年冬号まで
『美しいキモノ』に連載された18カ国の大使・大使夫人との交流をご紹介します。
清水ときさんデザインのきものを着た姿と
それぞれの国の民族衣装姿の大使・大使夫人です。

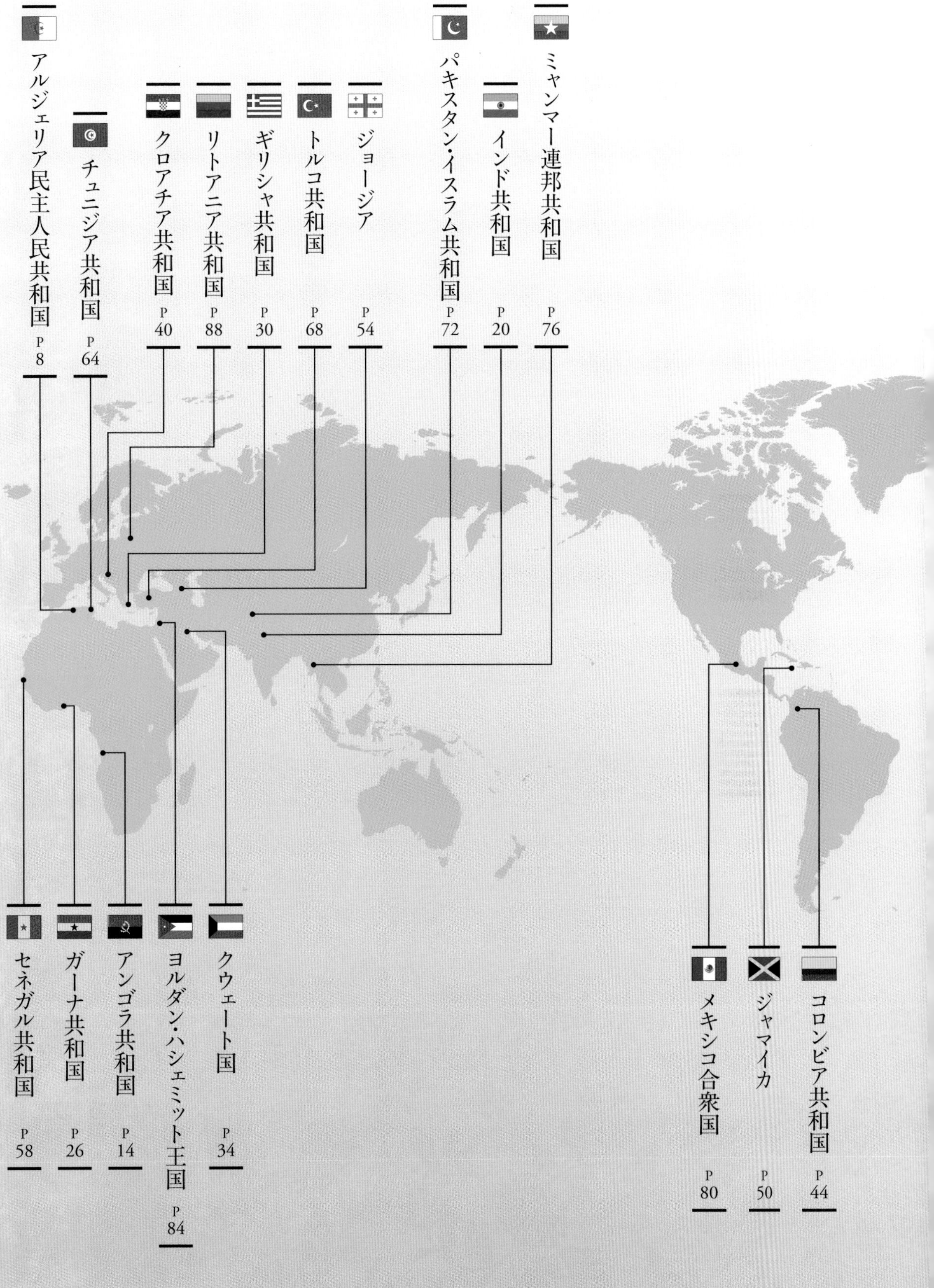
ミャンマー連邦共和国 P 76
インド共和国 P 20
パキスタン・イスラム共和国 P 72
ジョージア P 54
トルコ共和国 P 68
ギリシャ共和国 P 30
リトアニア共和国 P 88
クロアチア共和国 P 40
チュニジア共和国 P 64
アルジェリア民主人民共和国 P 8
コロンビア共和国 P 44
ジャマイカ P 50
メキシコ合衆国 P 80
クウェート国 P 34
ヨルダン・ハシェミット王国 P 84
アンゴラ共和国 P 14
ガーナ共和国 P 26
セネガル共和国 P 58

アルジェリア民主人民共和国

モハメッド・ベンシェリフ大使
アミラ・ベンシェリフ夫人

大使とカビレドレスの大使夫人

ベンシェリフ大使はアルジェリア男性のウールのケープ、バーナスをはおって登場です。アミラ夫人はカビレ地方のコスチュームです。白いシルクサテンにカラフルなウールの刺繡が密に施されていて見事です。フォータという生地を腰に巻き、共布のベルトをします。

アフリカ第一の大国の衣装はフランスの薫りとアラブの味わいに満ちて

アルジェリアは旧フランス領でアフリカ第一の広さを誇りますが、大部分は広大なサハラ砂漠の一部のため、ほとんどの国民は地中海沿岸地方で生活しています。民族衣装は各地で特徴が異なりますが、総じてエレガントで華やかです。なかでもトレムセン地方の婚礼衣装は、儀式と工芸技術がユネスコの無形文化遺産に登録されています。

アルジェリアでは、現在、民族衣装を着る機会は結婚式、宗教儀式、公的なお集まりなど。上写真で夫人がお召しのカビレドレスはベルベル人の伝統衣装で、シルクサテン地にウールの刺繡が密に施されているのが特徴です。

きものはとてもエレガントで
帯や小物も素敵。
結い上げる髪形も魅力的ですね
――アミラ・ベンシェリフさん

清水ときデザインの付けさげをお召しの大使夫人

小さな市松を背景に風に舞い散る桜花を、繊細な手刺繍で表現したシックな付けさげをお召しいただきました。白地の帯を生かすように、裾廻しの色に合わせて小物を選んでいます。

見事な刺繍の伝統衣装・カラコスをお召しです。
シルクベルベットやシルクサテン、シルクレースを多用するのも特徴で、金・銀の刺繍が迫力ある着姿を作り上げています。

シルクベルベットに金糸や色糸で華やかな刺繍を施し、宝石で飾ったコンスタンチンドレスです。
金のネックレス、金のベルト、金色の靴を合わせます。レースの袖がたいへんエレガント。

アルジェリアの婚礼風景を表した
繊細緻密な刺繍額です。

カビレドレスには銀か珊瑚のジュエリーを使うのが決まりで、夫人は銀のネックレスを用いています。
最もエレガントな衣装は11ページのコンスタンチンドレスです。コンスタンティーヌ地方では一枚のドレスを何代も受け継いで着続けるゆかしい伝統が残っています。金・銀・色糸をふんだんに使った緻密な刺繍に宝石もちりば

青が基調色の名産のタイルと陶磁器の壺が見事に調和しています。

上写真はおもてなし料理です。上から時計回りに、チキンとひよこ豆と野菜のソースで、クスクスにかけて食べます。ラムとアーモンドとプルーン入りタジン。焼いたグリンペッパーのサラダ。フィンガーフードのブリック。中央はひよこ豆と野菜のクスクス。下写真はスイーツ。

める豪華なドレスです。

また、この地方の花嫁はまず手作りの白いウエディング・ドレスを着てから3～4回色直しをし、最後にまた最初に着た白いドレスを着るのが決まりだそうです。そしてそのドレスは作る技術とともに次の世代に受け継がれていきます。

ひと際民族色豊かで豪華なものは10ページのカラコスという衣装です。ベルベットのジャケットに金・銀糸で施された刺繍が重厚華麗です。金糸刺繍の場合はネックレスや靴も金を合わせるのが決まりです。ジャケットの下には伝統的なパンツのセロウアル（サルエル）をはきます。ゆったりとしたデザインのパンツですが、両脚を隔てるマチはありません。

大使夫人は大使館のナショナルデーの行事で、アルジェリアの女性にきものの魅力を知ってほしいとの思いから華麗な振袖をお召しになったことがあります。互いの国の民族衣装や文化の紹介も切望されているご様子でした。

アンゴラ共和国

ルイ・シャビエル大使
マリア・シャビエル夫人

豊富な国産木綿生地を体に巻き付けることから始まりました

アンゴラ共和国は、南アフリカ西岸に位置する大西洋に面した国で、両コンゴ、ザンビア、ナミビアの各国と隣接しています。旧宗主国はポルトガルで、多くの人がカトリックを信仰しています。地下資源は豊富でアフリカ第2位の産油国として知られ、ダイヤモンド産出量も世界有数、その他にも多くの鉱物資源を保有しています。過去には内戦もありましたが、ここ十数年は平和で安定した状態が続き、世界でも指折りの経済成長をとげています。

大使夫人のマリアさんはアフリカのカーボベルデ共和国のご出身で、アンゴラで高等教育を受けられました。夫

アンゴラ国産木綿製衣装の大使夫妻

シャビエル大使は国産の木綿生地に大胆なプリント柄のシャツ姿。暑い国ですから襟ぐりが広く開いたデザイン。夫人のマリアさんは木綿プリントのワンピースに同じ生地を腰に巻いています。ヘッドタイを頭に巻き、アクセサリーで華やかに。

清水ときデザインのパーティ着でご機嫌なポーズの夫人

オリンピックの五輪マークの5色をイメージして制作されたパーティ着です。

はっきりした色が大好きですから、
明るくカラフルなきもので嬉しい
――マリア・シャビエルさん

アンゴラの国産木綿生地のなかでも最高級の素材を用いたフォーマル用です。
目の詰まった織り方で厚手の生地に丁寧なプリントが施されています。
お祝い事などのお集まりに着る上質なフルレングスのツーピース・ドレス。

お召しのミモレ丈のワンピース・ドレスはアンゴラ国産のしっかりした木綿生地で、
デザインはマリアさんのお好み。袖はパフスリーブで、
別生地のヘッドタイを頭全体に巻いて、民族衣装の味わいが添えられています。

アンゴラ産の麻生地に麻糸と木綿糸で、祭りで陽気に踊る女性を表現した刺繍の壁掛けです。

右上から時計回りに。パッションフルーツのムース。調理用バナナを煮たもの。トマト入りで塩味が特徴の、牛肉のアンゴラ風煮込み。鶏肉をピーナツバターとココナツミルクで煮込んだアンゴラ風チキンシチュー。ひよこ豆のパーム油煮込み。キャッサバ芋の粉末を練った餅状の主食・フンジ。

人は「アンゴラには国全体としての伝統衣装はありませんが、国内およそ25の民族それぞれが伝統の衣装をもっています」とおっしゃいます。国産の木綿生地にワックスプリント(ローケツ染)を施したものを、そのまま体に巻き付けて用いる場合も多く、プリント生地は荷物を包んで頭に載せたり、子どもをくるんで抱いたりと、日本の風呂敷のように用いられています。
大使によると「アンゴラの女性は働

大変細密な木彫作品。右は釣りをする男性。
左は薪を拾い集めて家路を急ぐ女性像。
中はアンゴラにのみ生息する動物・黒パランカ。
素材はすべて柿の木の仲間の黒檀。

右はきれいな模様が全体に現れる、
希少なアンゴラキリン親子の木彫作品です。
左は肩に掛けた布に赤ちゃんを包み、頭に野菜や果物を入れた
籠を載せて売っているお母さんの像。

き者で、野菜や果物を籠に入れ、頭に載せて売り歩いたり、森に行って炊事に使う薪を拾い集めたりと、男性の何倍も働きます。そして陽気で音楽好きでダンス好き」とのことです。

マリアさんのお召しになった17ページの衣装は、緻密に織り上げた木綿の白生地にワックスプリントで模様を染めた上質な素材を用いて、ご自身の好みのデザインで仕上げたドレスです。

上質なものほど織りは密で生地がしっかりとした質感だそうです。「暑い国ですから、薄手の木綿では直射日光を防いでくれません。ある程度地厚の生地のなかから好みの模様を選んで、用途に合わせてデザインを変えて作っています」

夫人がお召しのきもの（15ページ）は、清水ときさんがオリンピックの五輪からイメージをふくらませてデザインしたパーティ着。白地を5色に染め分けた華やかな一枚です。明るく陽気な雰囲気にぴったりのきものがよくお似合いで、一同から「わー、素敵！」という歓声が湧きました。

インド共和国

サンジェイ・クマール・ヴァルマ大使
グンジャン・ヴァルマ夫人

インドの民族衣装・サリーはサンスクリット語で「一枚の布」を意味します

日本とインドには長い友好の歴史があり、互いの民族や文化に親しみを持ち合い尊敬し合う関係が続いてきました。グンジャン・ヴァルマさんは2019年にインド大使夫人として来日されました。絵を描くことが趣味で、読書や手芸も大好きな方です。また、植物学で修士号をお持ちで教師としても20年の経験がおありです。

夫人はインドを代表する立場ですから、ほぼ毎日、TPOに合わせてふさわしいサリーをお召しになります。このページでお召しになっているのは貴重な野蚕糸・ムガシルクに本金糸で模様を織り込んだ最高級のフォーマルスタイルです。

伝統的正装の大使夫妻

大使はクルタという上着に、裾をたるませて着るチュリダールというパンツを合わせた、祝い事の際の装い。上下とも素材はシルクです。夫人がお召しのサリーはアッサム州名産の貴重なムガシルクの一枚。金糸で模様を織り出した金襴地でたいへんゴージャス。

きものはデザインや色、
帯や小物を組み合わせて
全体を美しく調和させるところが
素晴らしい
――グンジャン・ヴァルマさん

清水ときデザインの鴛鴦模様訪問着で

裾に大きく水模様を配し、鴛鴦が仲良く遊ぶ様子を描いた訪問着をお召しいただきました。背景の花々は夫人が丹精したものです

ブーダン・ポチャンパリという村で作られている絣織物のサリーです。ダブル・イカットというのは経緯絣のことで、
カラフルなものは高度な技術を用いて手作業で行うため貴重な品となっています。

深紅の地に金箔で模様を織り込んだ金襴のサリー。格調高いフォーマルドレス。
金銀のアンクレットとゴージャスな靴で装います。

右上から時計回りに。

ウッタルプラディッシュ州の州都ラクナウの伝統手芸・チカンカリ刺繍のサリーです。木綿のジョーゼット生地に白糸の刺繍が特徴。

濃紺地にペイズリー模様はカシミール地方のアーリ刺繍のシルククレープのサリー。

グジャラート州のガルチョラ・サリーで、結婚式の花嫁が頭と肩を覆います。薄手のシルクに、日本でいう鹿の子絞りや一目絞りが金糸の格子の中に施されます。

また、22ページはカラフルな経緯絣に金糸を織り込んだ華やかなフォーマルスタイル。インドでは日本と異なり、絣織物をカジュアルとは考えないそうです。また、色柄と着用年代に関係はなく、いつまでも派手やかなサリーをお召しになります。その一方、上質なサリーは古くなったものでも大切に受け継がれ、家族間だけでなく、新しい世代に合うように作り替えて再利用されているということです。

　インドでは現在でも多くの女性がサリーを日常に着ているそうですが、州によってそれぞれ特徴のあるサリーが作られていて「サリー製造は多数の人々を雇用する産業であり国を象徴する誇りでもあります。伝統の職人技と最先端のデザインによる表現は、国を代表するもので、単なる衣服以上の意味があります」とのことでした。

　サリーについて最も古い言及は、およそ３５００年前にヴェーダ・サンスクリット語で書かれた聖典群『リグ・ヴェーダ』とされています。以来、絹、麻、木綿にさまざまな染織、刺繍、絞りなど

玄関でお客様を迎える際の明かりです。華やかな器にローソクの火が揺らめきます。

夫人の趣味は絵を描くことで、大使がベトナムに赴任されたときに漆絵を学ばれました。左は古い伝統を受け継ぐインドの女性像で、手編みの籠に入った荷物を頭に載せて運ぶ姿です。

の手芸技術を施して、インドの伝統を受け継いでいます。各州で技術は良好に継承されていて、全国のサリーショップでは、既製品だけでなく、好みの色柄・模様に織ってもらった布で作ることもできるそうです。

ガーナ共和国

ジェネヴィーヴ・エドゥナ・アパルゥ大使

ケンテのフォーマルドレス

コットンのケンテでこしらえたブラウスに、同じくケンテのロングスカートをお召しです。ケンテは高級生地のため普段着にすることはなく、フォーマル衣装に用いられます。この衣装は大使着任の際、天皇陛下に信任状を捧呈する儀式で着用されました。

最高級の伝統織物・ケンテはフォーマルな装い。普段着はプリントのアンカラ布

日本人にはチョコレートで馴染み深い西アフリカの国・ガーナ共和国は古くから金や岩塩など、サハラ交易の中継地として重要で、ゴールドコーストと呼ばれた国。昔ながらの手機で織る伝統織物・ケンテが生きています。

ジェネヴィーヴ・エドゥナ・アパルゥ大使は、米国の大使館の臨時代理大使を経て2022年に駐日大使として着任されました。趣味はチョコレート作り、読書、ダンス、帽子作りとおっしゃるエレガントな方。

ガーナを代表する生地がケンテです。ケンテはガーナ建国以前の17世紀、アシャンテ帝国の最初の支配者・アサンテヘネ(国王)に贈られたのが始まり

この華やかなきものを着られてとても嬉しい

桜が大好きですから、

——ジェネヴィーヴ・エドゥナ・アパルゥさん

清水ときデザインの霞に桜模様の訪問着で

輝くばかりに濃い桜色の綸子地に、ぼかしでおぼろな春の陽気を表現し、桜を描いた訪問着です。たいへん印象的な一枚ですが、金地の帯との相性もよく、大使を素敵に包んでくれました。

大使はケンテ製のドレスで、左はアンカラ布のワンピース姿の妹さん。
アンカラ布はガーナファッションのシンボル的存在。

と伝えられ、そのカラフルで美しい幾何柄が編んだ籠のようだったことから、籠を意味するケンテと名付けられたそうです。手ごたえのある厚手の生地で、幅は10センチほどと狭いためつないで用いますが、伝統的には男女とも大きな生地のままはおり、男性は右肩を出して体に巻き付けます。現代の女性は好みのデザインで仕立てます。

大使がお召しの衣装はどちらもケンテ生地で作られています。結婚式や教会の礼拝、国際的なイベント、ガーナ文化を継承するお祭りなどで着用。歴代のガーナ大使は天皇陛下に信任状を捧呈する儀式で必ず着用しています。

一方、日常の衣服に用いられているのはアンカラ布（上写真）というプリント生地。アフリカン・プリントを代表するのはダッチワックスと呼ばれたローケツ染で、蘭領インドネシア原産のジャワ更紗に由来します。ガーナではダッチワックスのデザインにポップな味を組み合わせて発展しました。それがアンカラ布で、ガーナファッションのシンボル的存在となっています。

大使は、「民族衣装は世界中のさまざまな文化の理解に大事な役割を果たしています。それぞれの文化的アイデンティティや独自性を育て、私たちが人間として誰であるかを忘れず、人類が誇るべき文化が発展することを願っています」とお話しくださいました。

伝統の手機でケンテを織っているところ。
布幅は10cmほど。
（写真提供＝ガーナ共和国大使館）

ケンテのツーピース・ドレスの大使。華やかなケンテ製のドレスはパーティや祝賀会のための装いです。
左手のバッグもケンテでこしらえたもの。
ネックレスは、ガーナでは新郎から新婦に贈る、ロマンチックな習慣のある特産のトンボ玉です。

ギリシャ共和国

マルガリタ・マヴロミハリス大使夫人

ポントス地方の民族衣装

コットンレースのブラウスをベースに着付け、シルクウールの紋織のワンピースを重ねます。腰にはウールのウエストスカーフを巻き、スカートの下にはパンツをはいています。金糸刺繍のブロケードが付いたベルベットの上着を重ねて、頭にはコイン付きの帽子を飾ります。

東洋的なデザインと、エーゲ海諸島の陽気なエレガンスが特徴

オリンピック発祥の地として馴染み深いギリシャ共和国の大使夫人マルガリタ・マヴロミハリスさんは、写真家としても国際的に活動される方です。2022年3月に初来日されました。

マルガリタさんの写真家としてのキャリアを少しご紹介します。「ポルックス・アワード2016」でポルックス賞受賞、18年、20年「ジュリア・マーガレット・キャメロン・アワード」でジュリア・マーガレット・キャメロン賞受賞、21年、「ブダペスト国際写真賞」金賞受賞、同年「パリ写真賞」銀賞受賞など、数々の受賞歴があります。

さて、数あるギリシャの民族衣装の

黒は大好きな色です。
きものはエレガントで着心地がよいので、
ずっと着ていたい気持ちです
——マルガリタ・マヴロミハリスさん

清水ときデザインの黒絽地に萩模様の付けさげ

夏の模様・秋草を代表する萩を、すっきりと白上げで表現した付けさげです。スレンダーな大使夫人によくお似合いで、「脱ぎたくないくらい気に入りました」と感想をいただきました。

キクラデス諸島の衣装です。有名なミコノス島や、「ミロのヴィーナス」が発見されたミロス島など、
エーゲ海の島々で着用されてきました。白いレースのワンピースにブロケード付きのベルベットのスカートとジャケットを着て、
腰に帯状の錦織の布を巻きます。躍動的でスタイリッシュな姿。

手彫り銀細工のバックル。大使夫人のお母様のコレクションです。[右上から時計回りに]銀細工にルビー、エメラルド、サファイアの宝石入り。繊細な透かし彫り。重厚感のある一点。真珠貝にポントスを象徴する鳥の模様。

なかでも美しさが際立つのがポントス地方の民族衣装です。ポントスとはギリシャ語で海のことで、黒海沿岸に古代から住む民族。隣接するトルコの影響を受けたデザインが特徴です。

30ページで着用のものは礼服で、重厚感のある紋織生地の長袖ワンピース(ジプナス)にベルベットの上着を重ねます。スカート部分は前と両脇にスリットが入っています。昔、ポントスでは女性も兵士となって戦ったので、自由に動けるように開いているのだそうです。コインで縁取られた頭飾りの帽子(テペリキ)は通常若い女性が用います。

もう1着、夫人がお召しなのは、キクラデス諸島の衣装です(右ページ)。エーゲ海南西部に散在する220もの島々・キクラデスに伝えられた衣装。カーニバルなどの祭事でパートナーと踊る際に着用されてきました。白いコットンレースのワンピースにベルベットのスカートと上着を重ねています。デザインと色使いはシンプルですが、エレガントな雰囲気が特徴です。踊りで回転すると一瞬でスカートが広がり、下のレースが見えて魅力的なのだそうです。どちらの衣装も、知的で活動的な夫人をキリッと包んで素敵な着姿でした。

大使夫人は国際的な写真展で数々の受賞歴があります。上のポスターの写真は「第9回ポルックス・アワード2016」の受賞作「ギリシャの老婦人」。寝具にくるまれ、入れ歯を外して寝入る穏やかな日常の記録です。

クウェート国

ハサン・モハメッド・ザマーン大使
マナル・アルシャリーフ夫人

最高の格式を表す装い

ザマーン前大使は白いコットンのロングドレスにシルクのガウンを重ねた男性用の正装です。頭には白いスカーフに黒いウールの重石を載せます。夫人は最高の格式を示す金糸刺繍の豪華なドレスに、髪を黒いヘジャブ（スカーフ）で包んだ正装で、公式セレモニーに着用する装い。

男性はロングドレスにガウン、女性はロングドレスにヘジャブが風格ある伝統の装い

クウェートはアラビア語で小さな城という意味のペルシャ湾に面した君主国です。国土は日本の四国くらいで、人口はおよそ460万人ですが、産油量世界第2位のブルガン油田を擁する裕福な国として有名です。

2022年秋に本国へ栄転された、ザマーンクウェート大使と奥様のマナル・アルシャリーフさん。マナルさんはアラブ首長国連邦の格別豊かな家庭に生まれ、厳格で教育熱心なご両親のもとで育った方。アラビア文学修士の称号をお持ちです。大使とは上流階級の慣習通りに、いわゆるお見合いで結婚。アラブの高い階級では家と家との結びつきを大切にするため、勝手な結婚は

きものを着たのは初めてですが、
複雑な着付けの手早さに驚きました。
日本人女性の忍耐強さは
きもの文化が育んだのでしょう
――マナル・アルシャリーフさん

清水ときデザインの赤地雪持ち梅の訪問着

赤地に白ぼかしを背景に、降りかかる雪をつぼみに受けながら、天に向かって伸びる梅の若枝を描いた、手描きロウケツの力作です。夫人は「クウェートでも春を待つ気持ちを衣服の模様にしています」と、嬉しそうな笑顔を見せてくださいました。

壁に掛かる絵画は天然真珠の採集が盛んに行われていた時代を描いたもので、貝から真珠を取り出す一場面。左の模型は真珠採りのための船で、海に潜って採るのは男性の仕事でした。

ディニワヤという絨毯にソファをしつらえ、
テーブルにはアラビアコーヒーのセットが置かれています。

一族から認められませんが、家族が賛成する結婚はおおむね幸せな家庭を築くそうです。趣味は読書とフラワーアレンジメント。3人のお子様を育てつつご主人の仕事をサポートしていらっしゃいます。

クウェートは古い歴史をもつ砂漠の国、焼け付く太陽から身を守る意味からも、ダッラーアというロングドレスで、手首から足首まで体を包みます。また、宗教上の制約ではありますが、熱暑と砂嵐から髪を守るためもあってヘジャブというスカーフを必ずかぶります。外出の際にはアバヤという黒いロングコートをはおり、中が見えないようにします。伝統的な衣装は、他のアラブ・イスラム諸国とほとんど同じで、砂漠の民として遊牧に生きた長い歴史と伝統を伝えています。素材は絹、麻、木綿の天然素材が中心。

クウェートはイラクとサウジアラビアに挟まれて、ペルシャ湾に面しているため、有名なブルガン油田が採掘されるまでは、漁業と天然真珠の採集、造船業が重要産業でした。ドレスの模様にも貝殻や真珠のモチーフが多く見られます。また、富裕な女性たちは黄金と宝石のアクセサリーもたっぷり身に着けます。夫人もご主人やお父様からプレゼントされた品々はことに大切にしていらっしゃいます。「アクセサリーを着けることは一族の財力と社会的地位を証明し、伝統衣装をまとうことは民族の誇りを表すことです」と、にこやかにお話しくださいました。

春を待つ気持ちを色柄で表現したドレス・ダッラーアは透ける黒のシルクに、
花が咲き競うイメージが金糸で表現されています。テーマは「クウェートの春」。
黄金のネックレスと腰のベルトも、優美な伝統工芸の作品です。

チェリーピンクのシルクに金糸で草花模様を織り出した
チャーミングなドレスです。

レモンイエローのシルクにラインストーンで装飾を施したドレスです。
爽やかな春のイメージが表現されています。右ページのドレスよりもカジュアルな場面で着用。

クロアチア共和国

ブラジェンカ・フラスティッチ大使夫人

大使のお祖母様から譲られた衣装

大使夫妻はクロアチアの首都・ザグレブに近いバラジュディン地方のご出身で、この衣装は大使のお祖母様が111年前にお召しになった大切な衣装です。白いコットンレースの衣装をカラフルなレースで縁取っているのが特徴です。

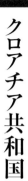

民族衣装は
国のアイデンティティの象徴です。
いつまでも大切にしたいですね
――ブラジェンカ・フラスティッチさん

「紫の上」と名付けられた清水ときデザインの色留袖

『源氏物語』の登場人物・紫の上をイメージした女性像が描かれています。清水ときデザインによる手描き友禅の力作で、王朝の雅を感じさせる見事な色留袖になっています。

右はシルクのスカートに黒いジャケットと古裂を縫い合わせてこしらえた帽子。左の黒いジャケットはベルベットに刺繍した女物。下部の黒木綿地に毛糸で華やかな刺繍がなされた前掛けは男物。

クロアチアのレースは繊細優美。ユネスコ無形文化遺産に登録されています

クロアチア共和国大使夫人のブラジェンカさんはきものが大好きな方です。オリンピックのホストタウンに指定された新潟県の十日町市にはご家族で何回も訪れました。市所蔵のクロアチア国旗柄の振袖をお嬢様が着用して市主催のきもの祭に参加するなど、充実した交流を続けていらっしゃいます。

クロアチアでは民族衣装を産業革命以前は都会でも地方でもそれぞれ特徴のあるものを着ていたそうです。日常の衣装と特別な行事の衣装とがあり、社会的地位や未婚・既婚の別、信仰する宗教を示すものでした。盛んだった手芸も産業革命後はしだいに姿を消し、同時に伝統衣装も消えていったそうです。現在では、一部の地方の宗教儀式やお祭りにわずかに残る程度となっているようですが、民族ダンスや音楽のパフォーマンス用コスチュームとしてはなくてはならないものです。

伝統の繊細な手芸技術には特別な価

値があるため、その技術を後世に残そうとしている団体もあります。２００９年には「クロアチアのレース」がユネスコ無形文化遺産に登録されました。

　伝統衣装のなかで最も格調高い衣装は結婚衣装です。花嫁が両親から受け継ぐ高価なジュエリーには純金のコインが何百も付いたものもあります。また、伝統のレースを用いたものはたいへん華やかです。半面、日常の伝統衣服にはレースの装飾は付けず簡素です。おおむねブラウスとスカート、エプロン、ショール、チョッキ、ベルトで構成されています。冬には上着を重ね、ウールのブランケットと頭に巻くスカーフを追加します。寒い季節にはブーツをはきます。

「古い民族衣装は家族の宝物として伝えています。大切な祖先を思い出して、民族の誇りを忘れないためでもあるのです」と教えてくださいました。

ブラジェンカさんがお祖母様から譲り受けた大切な刺繍作品。紙に刺繍してあります。

ブラジェンカさんは料理の腕前がプロ級で大使館のシェフも務めていらっしゃいます。写真の料理はすべてブラジェンカさんのお手製。左奥の瓶は特産のオリーブオイル。

コロンビア共和国

アントニア・サニン大使夫人

バンブーコ舞踊「サンファネロ・ウイレンセ」のドレス

バンブーコ舞踊はコロンビアの先住民、アフリカ系、ヨーロッパ系民族の文化を調和させたダンス。白いコットンレースとシルクサテンに手染めの造花を縫い付けた華やかなドレスに、自然繊維で編んだサンダルを履き、髪には花を飾ります。

コロンビアは花とエメラルドとコーヒーの国

コロンビア共和国は南米大陸北西部にあり、カリブ海と太平洋に面している国です。先住民文化と旧宗主国スペインの文化、アフリカ系黒人文化が融合した独自の文化が育まれてきました。首都は標高約2600メートルという高地にあるボゴタで、古代の貴重な金細工コレクションで有名な「黄金博物館」、ぽっちゃり体形の人物画や彫刻作品で世界的に著名な「ボテロ美術館」など文化施設も豊富です。

高品質のエメラルドの産出国でもあり、花の国としても有名です。花卉輸出量は世界第2位。日本の花の総輸入量の約33パーセント、カーネーションは約68パーセント（農水省データ）がコロ

幼き日の記憶を呼びさます
清水ときデザインの訪問着

清水とき命名の「夕焼けぼかし」というぼかし染めの訪問着をお召しいただきました。風に流されていく雲の間から差す夕日の微妙な色合いをひとえに表現しています。

昔、父が話してくれた
〈鹿の空〉という
美しい夕焼けを思い起こす
きれいなきものです
——アントニア・サニンさん

コロンビア国旗の3色を表現した衣装。赤のコットン生地をベースに黄と青の生地を段に重ねています。
腰までのブラウスとフルレングスのラウンドスカートの組み合わせ。
髪には大きな花、指には特産のエメラルドのリングを着けて。

首都・ボゴタにある「黄金博物館」所蔵の先住民による金細工（レプリカ）。

アントニアさんが幼児教育の一環として始めたのが絵本の創作です。来日前に2冊、日本在住9年間で12冊を出版。世界を1カ国ずつ紹介する内容で、開いているページは東京。

ンビアから空輸されていますし、バラやプリザーブドフラワーもたくさん輸出しています。もちろんコーヒーは世界有数の生産量で、最高級の品質を誇ります。

さて民族衣装ですが、伝統的なダンスの衣装としておもにダンサーが着ているため、夫人はいままで着る機会はなかったそうです。今回の衣装は知人のアーティスト・横井マルタさん制作のダンス衣装。

44ページでお召しになったのは、アンデス地方のバンブーコ舞踊「サンファネロ・ウイレンセ」のもので、スパンコール付きのレースの白いブラウスと、造花が付いた膝下丈のサテンのラウンドスカートが特徴。踊る際には持ち上げて広げるため、たいへん華やかです。右薬指のエメラルドの指輪にもご注目を。右ページの衣装はコロンビア国旗の3色を用いたもので、カリブ海地方のクンビア舞踊などのダンスで用いられます。

右はブルーと白、花柄を組み合わせたツーピースドレスです。下はコロンビア国旗の3色を組み合わせたダンス衣装です。

夫人はきものがお好きで、お子様お二人の七五三の際にはご自分は訪問着、お子様は祝い着で神社にお参りをされました。今回着ていただいたのは、クリーム地にグレー、とき色、水色をぼかした爽やかな印象のひとえの訪問着。夫人はコロンビアの夕焼けと、それを「鹿の空」と表現したお父様の言葉を思い出されたご様子でした。

ギンガムチェックに白レースを組み合わせた
ツーピース・ドレスです。

ジャマイカ

スザンヌ・アリコック大使夫人
令嬢ヴィクトリアさん

「バンダナ」と呼ぶ
ジャマイカの
民族衣装姿

日本人には頭や首に巻くコットンプリントの名前で知られるバンダナですが、ジャマイカでは民族衣装の名称です。右が大使夫人のスザンヌさん、左はお嬢様のヴィクトリアさん。

2人でこんなにきれいなきものが着られて嬉しい

――スザンヌ・アリコックさん

スザンヌさんは清水ときデザインの訪問着、ヴィクトリアさんは振袖を着用

スザンヌさんの訪問着は上半身を朱赤にぼかして迫力ある笠松を描き、裾の白地には琉球舞踊の舞姿を描いた大胆な作品。清水とき渾身のデザインの一枚です。お嬢様は金通し地を肩は紺、裾は朱赤にぼかし、霞のまにまに朱鷺《とき》を描いた振袖です。朱鷺は清水さんの名前にちなむ鳥で、象徴する模様です。

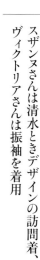

「KIMONOプロジェクト」の
ジャマイカをイメージした振袖を着た夫人です。

民族衣装のマドラスチェックは日本の唐桟とルーツが同じ

ジャマイカ大使、クレメント・フィリップ・リカード・アリコック閣下の奥様、スザンヌさんとお嬢様のヴィクトリアさんに民族衣装を見せていただきました。アリコック大使は2013年に日本に赴任されました。スザンヌさんは弁護士の資格をもち法律家として活躍してきた方です。大使に伴って日本に来られてからは長男のクリスチャンさんと長女のヴィクトリアさんの成長を見守りつつ、多忙なご主人のサポートをされる日々をお過ごしです。趣味は絵を描くことと料理だそうです。

さてジャマイカの民族衣装ですがバンダナと呼ばれています。用いる生地は必ず「マドラスチェック」で、ひだやフリルが付いた裾広がりのロングスカートが特徴です。マドラスチェックの木綿は軽くて涼しく、さらに低価格だったことから、広く活用されていまし

スザンヌさんのきものの裾廻しには、
琉球舞踊の模様に呼応して蝶模様を紅型染で。

絵を描くことがご趣味のスザンヌさんは顔が大好きで、さまざまな人物の顔を描き続けています。上は代表作でお気に入りの自画像。

た。名称のマドラスはインド南東部の都市の名前で現在のチェンナイのことです。インドがイギリスの植民地だったころ、特産の木綿生地は同じくイギリスの植民地だったジャマイカに多く輸出されました。それはマドラスチェックと呼ばれて広く普及し、ジャマイカ文化の象徴となりました。

現在のジャマイカでは国民の祝日にバンダナが着用されています。一般民衆ではなくステージでカドリールダンスを披露するダンサーの衣装としても用いられます。カドリールダンスはまだ奴隷制度のあった時代に、男女がペアになって踊ったもので、フランス、イギリス、アフロカリビアンのダンスと音楽が組み合わさった陽気で華やかなものです。

実はマドラス港からは日本にも木綿布は輸出されていました。サントメ縞です。唐桟の名前で通人に愛された高級木綿生地です。まだ、日本には国産の木綿が普及する前でしたから、当時の木綿生地は「舶来」の高級生地だったのです。

取材時に日本の唐桟とジャマイカのマドラスチェックがどちらもインドからもたらされたと分かり、スザンヌさんは「両国の絆を感じます」と大変お喜びになりました。

スザンヌさんは絵を描くときは白衣に着替えます。この日はキッチン横のワークスペースでスケッチブックを広げて、楽しげに描いていらっしゃいました。

ジョージア

ティムラズ・レジャバ大使 アナノ・スィチナワ夫人

正装の
大使と夫人

大使はチョハという男性用の正装で、公式セレモニーに着用する装いです。例えば、大使に着任し、天皇陛下に信任状を捧呈する儀式でお召しになりました。夫人は黒のロングドレスにカバラヒというシルクのショールを掛けたフォーマルスタイル。

きものは初めて着ましたが、
楽しくて貴重な体験でした。
また、着たいと思います
――アナノ・スィチナワさん

清水ときデザインの黒地松皮菱の訪問着

黒地に白で流水を描き、金銀の松皮菱模様を木の葉のように流している上品な訪問着です。裏地には小さな梅柄の小紋を付けています。朱金地の袋帯を選んで華やかさを添えました。

女性用の民族衣装はカバラヒという掛布で通常肩に掛けて用いるショールでシルク製。教会では頭にかぶります。流線形で、別布の裏地がついています。プリントの色や模様はさまざまですが、色柄による軽重はありません。また、通常ジュエリーは用いないそうです。

ジョージアでは 男性は軍服姿が正装、女性は独特のショールが伝統の装い

ティムラズ・レジャバ大使は、お父様の仕事の関係で広島で育ち、日本語が堪能な方です。SNSでも日本語で発信され、大きな反響を得ています。民族衣装では、2019年の即位の礼の際にジョージア大統領とともに参列した際の正装・チョハ着用の姿が話題となりました。54ページでお召しの深紅のものです。注目された理由のひとつは宮崎駿監督作品のアニメーション映画『風の谷のナウシカ』の衣装がそっくり、というものでした。胸には銃弾を入れるポケットが付き、ベルトを締めて剣を持ちます。足元はブーツで、軍服スタイルです。色に制約はないため、大使は色違いで何着もお持ちです。国家的行事や公式なセレモニー、婚礼、大規模なイベントに出席の際にお召しになっています。

例えば、結婚式は教会で挙げ、披露宴会場では民族衣装の花嫁・花婿と招待客がともにダンスをして、たいへん華やかだそうです。

　また、ジョージアはワイン発祥の地として有名ですので、ワインは国を象徴する存在として尊ばれています。秋に収穫したブドウでワインを仕込み、翌年3月にでき上がった新酒の「樽開けの儀式・収穫祭」は各地で盛大に行われます。皆が民族衣装を着て集まり、ダンスをして歌います。ジョージアには民族衣装姿で歌う独特の発声法の男声合唱団があり、さまざまなイベントには欠かせない人気があります。

　女性用はカバラヒというショールが伝統の衣装です。下に着る衣服に制約はありませんが、カバラヒが目立つように無地を着用するそうです。

　男性用・女性用ともに、長い歴史に彩られたジョージアの、誇れるアイデンティティを確認できる貴重な衣装として、大切に受け継がれています。

世界一のワイン醸造の歴史があるとされるジョージアでは、おもてなしにワインは欠かせません。パンケーキやボート型のチーズトースト、大きな水餃子が有名です。

セネガル共和国

ゴルギ・シス大使
エミリー・セック・シス夫人

伝統衣装のロングドレスはブーブーといい、男女ともに日常生活で着用されています

セネガルは西アフリカの旧フランス領の国。首都はダカールで、日本人には「ダカール・ラリー」で馴染みのあるところです。

大使夫人のエミリー・セック・シスさんは、ご主人のゴルギ・シス駐日セネガル大使の赴任に伴い、２０１８年７月に初来日されました。

エミリーさんはセネガルの古都、サン・ルイの裕福な家庭のご出身。サン・ルイはフランスが西アフリカで初めて建設した都市で、ダカールに遷都するまでセネガルの首都でした。サン・ルイにはフランスの薫りが色濃く残るコロニアル様式の建物が並び、ユネスコの世界遺産に登録されています。

第一礼装のグラン・ブーブー

グラン・ブーブーというのは第一礼装で、大きな生地をほぼ正方形に縫い合わせた伝統衣装です。大使夫妻がお召しのものは、地紋入りの白いコットン製。シルクのような光沢のある高級生地でできています。大使は帽子をかぶり、夫人は共布のスカーフを巻いています。

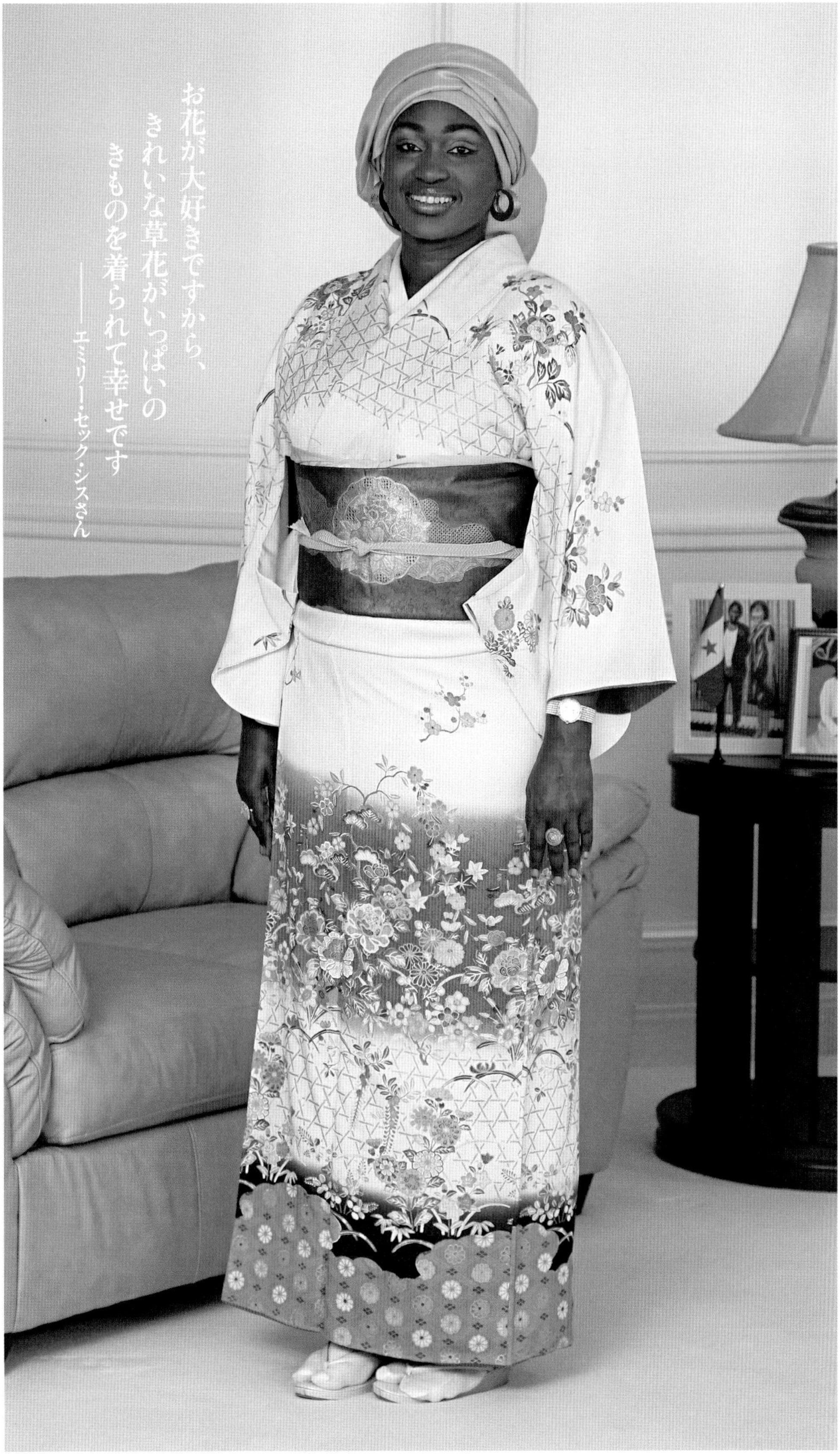

お花が大好きですから、
きれいな草花がいっぱいの
きものを着られて幸せです
——エミリー・セック・シスさん

清水ときデザインの桃山小袖写しのきもの

紗綾形地紋の白綸子地に四季草花模様を型で染めたきものです。桃山期の小袖から写した、清水ときデザインの華麗な一枚。お花が大好きなエミリーさんを華やかに包んでいます。

高級感のある地紋入りのコットン生地に華やかなビーズ刺繍が施された、淡い水色のブーブーをお召しです。
アクセサリーはすべて大好きなゴールドで揃えています。

真っ赤なシルクジョーゼットに模様はすべて手刺繍の艶やかなフォーマル用ブーブー。
肩に掛けているのはコルというショール。足元の弦楽器はコラという伝統楽器。

地紋のあるピンクベースのコットン生地に、花瓶に活けたヒマワリの模様を絞り染めにした、ダイナミックなドレスです。
胸元にはまばゆい刺繍がされています。頭には共布のムソールを巻いています。

長い布をほぼ正方形に二つ折りにして脇は縫い、袖部分は広く開けてあります。首周りには刺繍が施されてエレガントです。

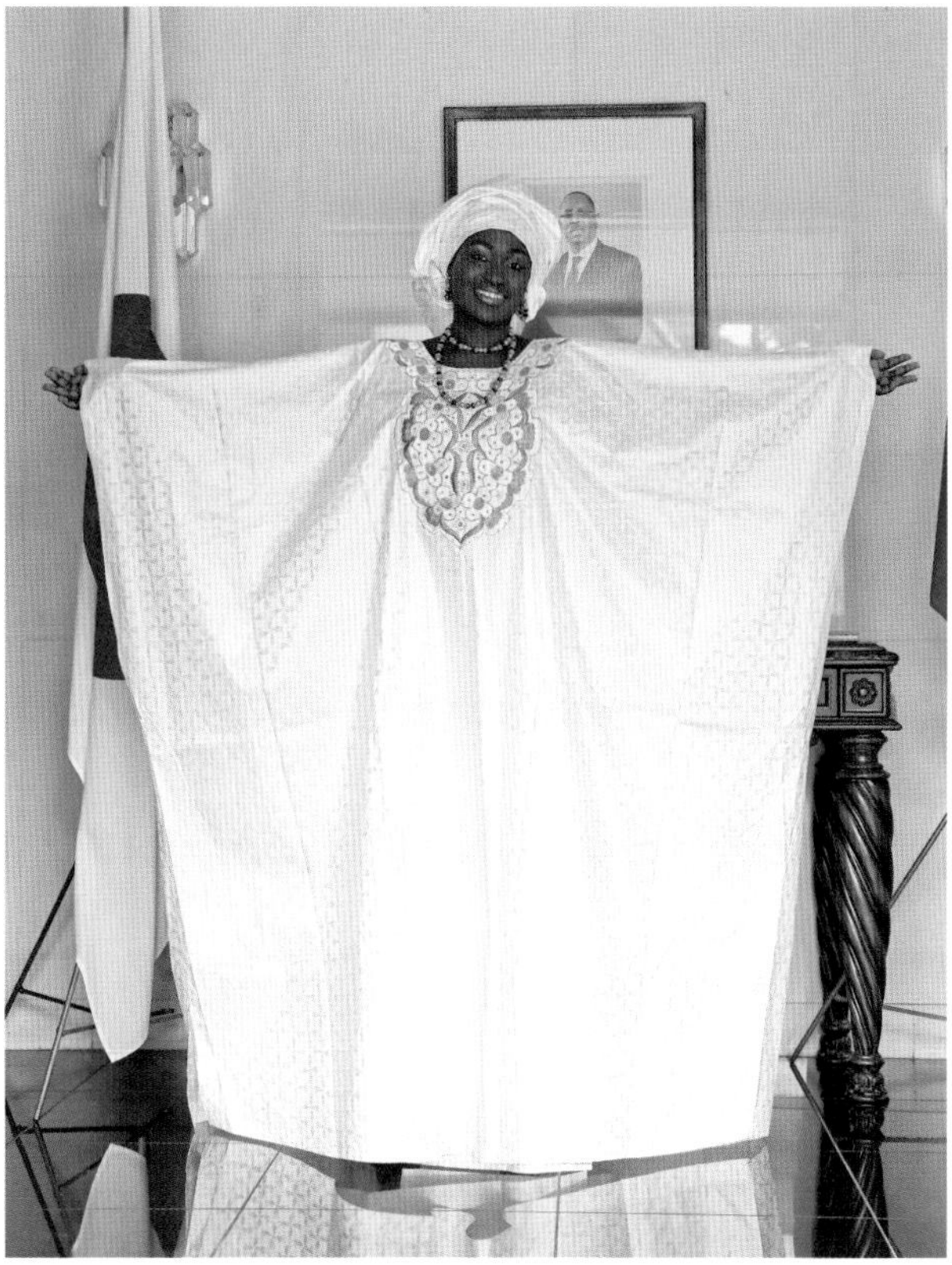

セネガル人はおしゃれ好きで、町には生地商と仕立て商(ブティック)が並ぶ市場があり、好みの生地を求めて仕立ててもらうことが特別なことではないそうです。伝統衣装に使われる生地はコットンで、無地もあれば繊細な手刺繍の模様入りのものや、ビーズ刺繍の華麗なもの(60ページ)、ラインストーンやスパンコールで装飾したものなど豊富に揃っています。カラフルなのが特徴で、高級品には、生地自体にワックス(樹脂)加工がされたものも多いそうです(61ページ)。

ここではお召しになっていませんが、いわゆるアフリカン・プリントというローケツ染の生地は、国産のほかオランダからの輸入品も人気があります。

伝統衣装のブーブーは足の見えない丈のロングドレスで、デザインに制約はありませんが、通常、共布のスカーフムソールを頭に巻きます。エミリーさんは大使夫人という立場上いわゆる普段着は好まれず、おおむね60・61ページのような高級生地でこしらえたブーブーをお召しになっています。

草月流の華道を熱心に学ばれてお免状も取得。お花が大好きな方ですから、四季草花模様のきものをたいへん気に入ってくださいました。

チュニジア共和国

モハメッド・エルーミ大使
フーダ・エルーミ夫人

特別な日の装い

大使はゆったりとしたガウンのような青いジェッバをお召しです。夫人はエレガントな玉虫色のシルクのジェッバで、どちらも繊細な手刺繍が特徴。バッグの金具とアクセサリーは幸運を呼ぶというモチーフをかたどったアンティークの金細工が用いられています。後ろの額はファルムラというゴージャスな金糸刺繍のベスト。

娘と一緒にきものを着てお茶会に出席し、楽しい経験をしました。
鏡の前で着付ける様子も興味深く、
ぞうりなどの小物も印象的でした
——フーダ・エルーミさん

清水ときデザインの
無地染めぼかしの訪問着

白い綾織紋綸子の肩を黄色に、裾を紫で冴え冴えとぼかし染めしたエレガントな訪問着。模様はなく、高貴な色の紫とチュニジアの国花・ミモザの色に似ている黄の調和を夫人はたいへんお気に召したご様子でした。

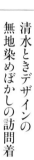

チュニジアの民族衣装は ベルベル人とアラブ人の衣装が 起源です

チュニジア共和国は三千年以上の歴史がある北アフリカの国で、地中海貿易の中心として強大な国力を誇った古代カルタゴから発している豊かな国。1956年にフランスから独立しました。

フーダ・エルーミさんの初来日は2012年。公使として赴任したご主人に伴ってでした。2018年には大使夫人として再来日されました。日本で最初にしたいと思ったのはきものを着ることだったそうです。日本文化が大好きな大使夫人は深く日本を知りたいと日本語を勉強し、大好きな趣味の生け花では草月流を熱心に学び、お免状も取得されました。

チュニジアの民族衣装は古代カルタゴの時代からこの地に住んでいたベルベル人とアラブ人の衣装を起源として、アンダルシアやトルコの影響も受けて現在にいたっています。地域によって公式の衣装は異なりますが、最も用いられているフォーマルドレスは、ここで大使と夫人がお召しになっているジェッバという衣装で、繊細な刺繍が施されたロングドレスです。

最高に豪華な伝統衣装は主に花嫁が着るフタというスカートとブローザというビスチェに似たトップで、どちらも重厚な金糸刺繍が施されるのが特徴。真珠、スパンコール、クリスタルグラスなどで装飾されていて華やかです。嫁入り前の女性は結婚式でこの衣装を着るのが夢だといいます。

また、ファルムラという太い金糸刺繍の豪華なベストは、古いものほど価値が高く、そうしたものは64ページで大使の後ろにあるような額に入れて大切に飾られています。

また、3月16日が「伝統衣装の日」に制定され、多くの人が伝統衣装やアクセサリーを身に着けて祝います。伝統衣装に関わる手工芸技術は国の伝統に不可欠な存在として尊ばれ、伝統的なコスチュームのデザインコンクールも催され、若い世代の革新的なデザイン力の発掘にも力を入れています。

銀製品も有名です。
豊かできらびやかな生活がしのばれます。

シルクのパンツスーツの上に、シルクベルベットに手刺繍で縁取ったガウンスタイルのバルヌスを重ねたスタイル。
結婚式や伝統行事出席の際に着用します。手に持っているのは、
お客様を見送るときに玄関で客の手に振りかけるローズ・ウォーターやオレンジ・ウォーターを入れる銀の器。

トルコ共和国

インジ・メルジャン大使夫人

手刺繍の
ヒンダッリという豪華な
カフタンドレス

ヒンダッリ（100の茎の意）という衣装はシルクベルベットに手刺繍を施したロングドレスで、民族衣装のなかでも最も豪華なものです。金糸刺繍の模様に特徴があり、茎の長いたくさんの花を表現しています。縁取りもすべて金糸の刺繍です。

「九重の宴」と名付けられた清水ときデザインの訪問着

菊花文がくっきりと浮かぶ紋意匠縮緬地に黒の肩裾ぼかしを施した、印象的な訪問着をお召しいただきました。帯は明るい辛子色地に茶屋辻模様をぼかし織りした袋帯です。振りからのぞく襦袢とぞうりも、「トルコ人が大好き」と夫人がおっしゃる黄色で揃えています。

きものもトルコの民族衣装も
奥の深いものだと思います。
きものに触れる機会を得られて幸せです
――インジ・メルジャンさん

伝統衣装は襟なしのブラウスにゆったりしたパンツ、長着の上にジャケットを着ます。刺繍が多用されるのが特徴。
背景のタイル画はトルコの結婚式風景で、中央右上が新郎と新婦、音楽を奏でる人やダンスをする人もいてにぎやかさが伝わります。

トルコは東洋と西洋が出合った歴史ある国。古代と現代の豊かさが共存しています

トルコ共和国はシルクロードを西へ西へとたどり、西はエーゲ海、南西は地中海、北は日本の本州がすっぽり入るくらい大きな黒海に面している、東洋と西洋が出合う要衝にある大国です。文化的には7つの地方に分けられ、それぞれに伝統衣装を受け継いでいます。共通しているのは鮮やかな色が人気ということで、赤や青（ターコイズブルーというトルコ石の青）、紫、深紅、緑、黄色が各地で好まれているそうです。豊かな歴史に彩られた染織品も多く、また、指折りの親日国としても有名です。

伝統的な西部地方の日常着は男女ともにゆったりしたパンツに短い襟なしの上着、刺繍入りのベルトとフェルトやウール、木綿の帽子をかぶります。女性の帽子は小さく、ショールを掛けて髪と首を隠しています（71ページ）。

フォーマルな衣装は結婚式や割礼式

トルコ西部の
伝統スタイルです。
コインで縁取られた帽子に
生の花を飾るのが決まり。
刺繍が施されたスカーフを
首まで巻きます。

トルコ伝統のオヤというレース編みです。
左右は草花と木の実。
中央はコインの飾り付き。

のような特別な行事で着用されます。結婚式前夜に女性だけが集まるヘンナの儀式（ヘナナイト）では、親しい女友達と女性の親戚全員が伝統衣装を身に着けます。ほとんどの伝統衣装はトルコの長い歴史に影響を与えた多くの文化の組み合わせです。黒海地方はジョージアやロシアの影響を受け、南部地方はアラブの影響を受けています。また、西部地方はヨーロッパの影響を受けました。なかでも最も豪華な衣装はベルベットなどシルク素材に金銀の刺繍が施されたものです。このような伝統衣装は各家庭で大切に受け継がれるため、アンティーク衣装として市場に出ることはまれだそうです。

夫人はきものが大好きでもう何回もお召しになり、ご自分とお嬢様用にきものを買い求めていらっしゃいます。日本のお友達からも何代も受け継がれたきものを譲られ「とても光栄でした」とおっしゃいます。大使夫人として日本に来て、きもの文化に触れる機会を得たことはとても幸運なことだと感じていらっしゃるご様子でした。

パキスタン・イスラム共和国

アハマド・イムティアズ大使
サディア・イムティアズ夫人

パキスタンの民族衣装は男女ともシャルワールカミーズをベースにしています

　ご主人の赴任に伴って来日されたのは2回目だというパキスタン・イスラム共和国大使夫人のサディア・イムティアズさん。10代のお子様3人の子育てをなさりつつ大使のサポートに全力を注ぐ日々です。その忙しい生活のなかで、TPOに合わせて正装からカジュアル着まで、さまざまなパキスタンの民族衣装をお召しになっています。そのなかから、思い出の花嫁姿と、現在お召しの装いを見せていただきました。

　夫人は「パキスタンの人々は長い歴史のなかで先祖から受け継いだ、豊かで変化に富んだ文化的伝統に誇りをもっています。手染め、機織り、手刺繍などの技術は国内各地で伝承されていま

シャルワールカミーズの正装

大使は白いシャルワールカミーズ（パンツとシャツ）にシャルワニというコートを重ねたパキスタン男性の正装。夫人はシャルワールカミーズにデュパタというシルクベルベットのショールを掛けた正装。シャルワールカミーズとショールには豪華な刺繍が施されています。

清水ときデザインの牡丹模様の訪問着で

白い綸子地に大輪の牡丹を描いた手描き友禅の訪問着をお召しいただきました。背景の青い円形の手芸品はパキスタンの伝統手芸・ミラーワークの壁掛けで、右後ろのオブジェは名産の赤い岩塩。

エレガントで美しいきものに
憧れていました。
大きな赤い花模様が気に入りました
——サディア・イムティアズさん

パンツと靴をお揃いにしたセミフォーマルの衣装で、赤いレースのドレスの襟元、袖口、裾に刺繍が施された
ドレッシーなシャルワールカミーズにベルベット地に豪華な刺繍のショールを掛けていらっしゃいます。
腕には純金のバングルを着けるのもパキスタンの伝統。

カシミール地方のデュパタというドレスで、ディナーなどのお出掛けに着ます。シルクジョーゼットのショールを掛けています。

す」とおっしゃいます。

パキスタンの女性はどの地方・地域でもシャルワールというゆったりとしたパンツをはき、カミーズという上着を重ねます。この組み合わせにショールを掛けるのが一般的です。シャルワールもカミーズも素材やデザインはさまざまで、必要に合わせて着こなしを変えています。最も正式な装いは72ページのもので、国家的行事や式典、結婚式のお客様の装いです。セミフォーマルは右ページの写真のような装いで、金・銀糸で刺繍がされているドレスです。ショールは季節によってシルクベルベットやシルクジョーゼット、レースに刺繍がされたものを使います。

男性の正装は72ページで大使がお召しの、白いシャルワールカミーズに黒いシャルワニというコートを重ねた姿です。普段着にはシャルワニではなくクルタというベストを重ねるのが好まれています。夫人は「白いシャルワールカミーズにクルタを着た男性は颯爽として素敵ですよ」とはにかむような笑顔で教えてくださいました。

赤が大好きとおっしゃる夫人のために「清水とき コレクション」から選んだ訪問着をお召しになって、しとやかにほほ笑まれました。

お母様がこしらえてくださった花嫁衣装を召した夫人です。パキスタンの結婚式はたいてい3日間続きます。花嫁は1日目に黄色系の衣装、2日目に最も豪華な衣装に持てるすべての貴金属を身に着けて、3日目は好きなドレスを着るのが慣習とのこと。

ミャンマー連邦共和国

ソー・ハン大使
レー・レー・ワー夫人

ミャンマーでは、国内14州それぞれに固有の伝統衣装が受け継がれています

ミャンマー連邦共和国大使夫人・レー・レー・ワーさんはミャンマーのヤンゴンに生まれ、ヤンゴン大学卒業後に財務歳入省に在籍、外交官のソー・ハン氏と結婚。一男一女のお子様にも恵まれ、２００５年に初めての来日、そして20年には大使として着任されたご主人に伴い２回目の来日となりました。

ミャンマーは北部をインド、中国と接し、東部でタイ、ラオスと接し、西の一部をバングラデシュと接している東南アジアの国です。国民の多くは敬虔な仏教徒で知られ、地域ごとにそれぞれ異なる民族が生活し、伝統衣装

夫人はミャンマーのフォーマルドレス

大使がお召しの白い上着はタイポンというジャケットで、下衣はタウンシェーパソというお召し物です。大使夫人はエンジーというブラウスとロンジーという下衣をはいています。パワーという刺繡やレースのショールを掛けます。髪には生花を飾ります。

清水ときデザインの茶屋辻模様の訪問着です

肩は明るい朱鷺《とき》色、裾は濃い朱鷺色でぼかした紋紗地に、茶屋辻模様と呼ばれる草花風景模様を染めた、盛夏の訪問着をお召しいただきました。大使夫人はこの色と模様をたいへんお気に召してくださいました。背景のピアノの上に竪琴が見えます。

きものはとてもカラフルで
美しく、エレガントです。
着ていると心地よく
安心できて、自信を感じます
――レー・レー・ワーさん

ミャンマー最北・カチン州の伝統衣装です。山岳地域で寒冷な気候ですから毛織物の衣服を身に着けます。
独特の色彩感覚と丁寧な手芸技術が特徴。上衣は黒地ベルベットに刺繍が施されたもので、
下衣は赤地ジャカード織のスカートに脚巻きを着けて暖かくしています。銀の飾りを付け、帽子をかぶります。

ミャンマーの婚礼で花嫁が着用する最高のドレス・スタイルです。「タイマテン」というロングドレスで黄金色に輝く透ける生地にラインストーンやフェイクパールが縫い付けられ、刺繍も施されています。裾には別布のトレーンが付き、透ける絹のショールを肩に掛けます。

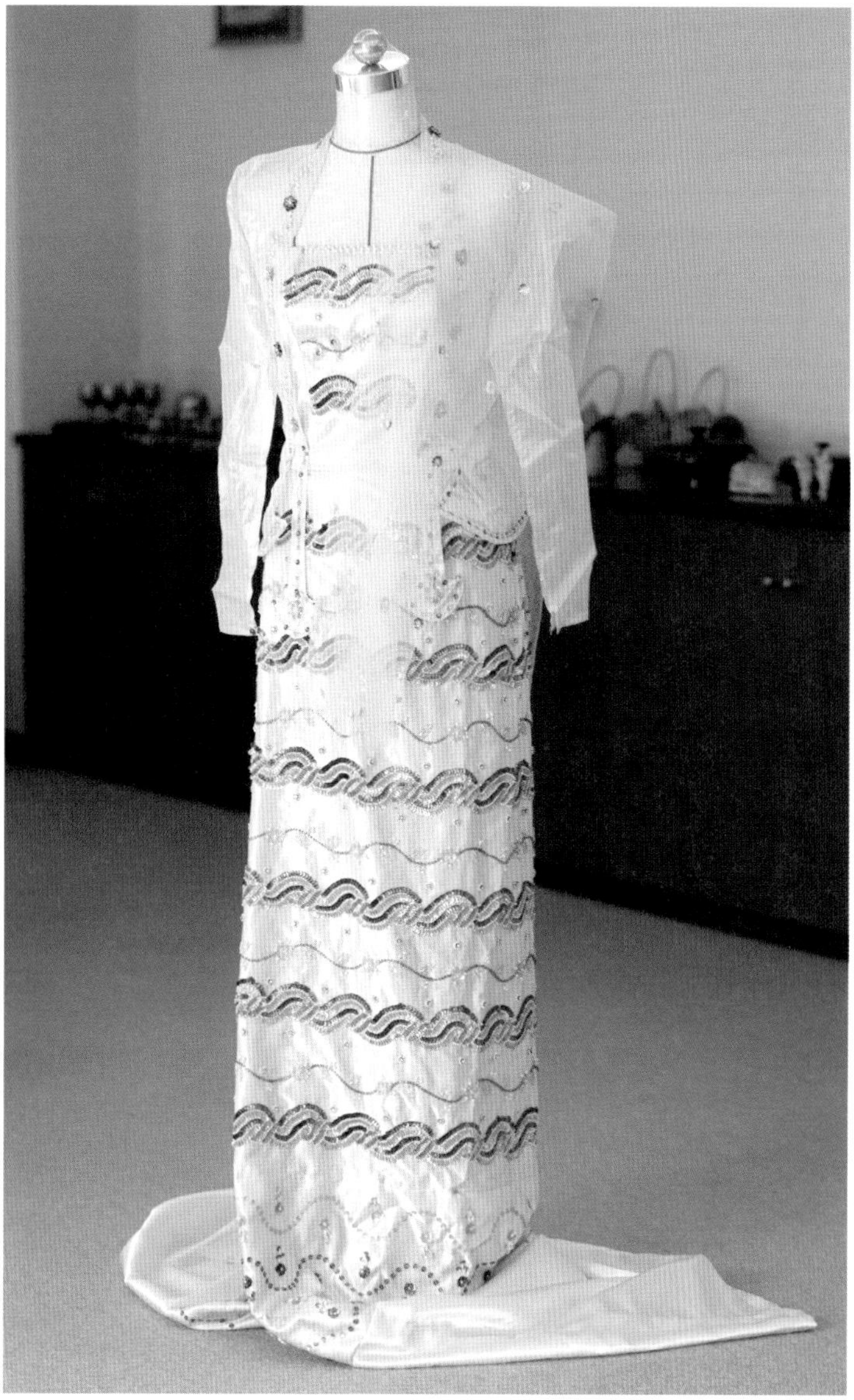

上は金箔を貼った伝統的な蓋物です。敬虔な仏教徒が托鉢をする多くの僧侶に喜捨をする際に用います。
下は喜捨の食べ物を受け渡すときに用いる伝統の漆器です。

を含め生活文化を継承しています。

76ページで大使夫妻がお召しの衣装はビルマ民族の伝統衣装で、最高のフォーマルなスタイルです。20年にミャンマー特命全権大使に着任時、天皇陛下に信任状を捧呈する際に着用されました。大使がお召しの白いジャケットはシルキーなコットン製でタイポンと呼びます。下衣はタウンシェーパソというお召し物で足元を隠す長さでシルクです。白い帽子をかぶります。

夫人がお召しなのはピンクのシルクのエンジーというブラウスに花模様を織り出したロンジーという下衣です。ロンジーは男性用のタウンシェーパソとは異なり、内側が縫われているもので、足元を隠す長さです。透けるショールを掛けるのがフォーマルのしきたりです。また、各州で手仕事による伝統衣装の制作が盛んに行われていることから、ファッション産業界からも期待されています。

メキシコ合衆国

メルバ・プリーア大使

メキシコの民族衣装は多くの先住民族文化を象徴しています

日本とメキシコ合衆国の交流が400年を超えて続いていると聞き、驚く方も多いことでしょう。メキシコは古くから銀の最大産出量と先進的な精錬技術で知られ、徳川家康は遥か太平洋のかなたのメキシコとの友好を願ったといいます。実際、難破船救助を契機に交流が始まり、江戸時代に日本では高品質の銀鋳造が可能になりました。

現在、メキシコにはスペイン語のほか、異なる言語を話すおよそ65の先住民族が生活し、それぞれのグループの個性は独特で、信念や習慣を表現する手段のひとつが衣装ということです。太平洋に面した西部ナヤリット州のウイチョール民族は神聖な動物や植物を

チアパス州の民族衣装

メキシコ南部のチアパス州で300年以上の歴史のある、キリスト教の聖人を称える盛大なお祭り「チアパ・デ・コルソ」で、お召しになる衣装。半円形の襟が付いたサテンのブラウスとチュールスカートには、全体に刺繍が施されてゴージャスです。

季節や年代に合わせて変わる
きものの色や模様にうっとりします。
子どものころ、祖母の日本みやげのゆかたを着ていました。
涼しくて快適でした
――メルバ・プリーアさん

清水ときデザインの縞と紅葉の「白留袖」

白地の裾に大きく水模様を配し、モダンな縞を背景に紅葉を描いた裾模様。白い色留袖としてデザインされた作品ですが、ここでは小物を朱色にしてパーティの装いにしています。模様の青磁色がアクセント。

奥はメキシコの帽子・ソンブレロを銀で作った置物。メキシコは世界最大の銀の産出国です。手前は古代メキシコで死者の魂を冥界に導くと信じられた犬を陶器で模した置物。メキシコで人口最小のコリマ州でよく見かけるもので、踊ったり寝ていたりとさまざまなポーズのものがあります。

カラフルに刺繍した白い衣装をまといますし、ユカタン地方の女性はウィピルという衣装をまといます。フォーマルな場面ではシルクのレボソというショールをはおる女性も多く、メキシコを代表する音楽・マリアッチの演奏では男女ともにチャロという衣装にソンブレロという帽子をかぶります。

ほとんどの伝統衣装は繊細な手作業で制作されます。ことに、熟練の職人が作る高価な衣装は、藍やコチニールなどの天然染料が用いられ、素材もコヨーテのような褐色の綿であるコユチコットン、羊毛、イクトレという植物繊維に絹糸や銀糸で刺繍装飾をします。

プリーア大使は母国の伝統工芸品や民族衣装が大好きで、あらゆる地域の衣装をお持ちになり、さまざまな場面で装っていらっしゃいます。宮中参内の折りには気品高いユカタン州の白いドレスのほかオアハカ州の華やかなドレスもお召しになりました。

また、仕事着には左ページのようなシンプルで動きやすい衣装をお召しです。この姿で友人との会合に出掛けるときもあるそうですが、注目を集めるためメキシコの広報にひと役かっているようです。

お祭りでかぶるユーモラスなお面です。右は、木製のお面全体にビーズ装飾したウエサリカというお面。中央はラ・チャンガという、猿のお面。雨の神・トラロック神に雨乞いする踊りで用います。左はラガルティハというお面で、顔の中央に張り付くように伸びているのはトカゲ。敷いている黄の布はレボソというシルクのショール。

先住民族・ミシュテカの衣装、ウィピルです。メキシコ特産のクリオーリョ絹とコユチコットンで織った3枚の布を
ミシュテカ民族伝統の帯で広くつなげた衣装です。中央には雄鶏が双頭の鷲を挟む模様が手刺繍で表されています。
履いているのは伝統的なサンダル・ワラチェです。素材はさまざまですが豚革や牛革が多く用いられています。

ヨルダン・ハシェミット王国

リーナ・アンナーブ大使

ヨルダンでは民族の伝統衣装を保存する意識が高まっています

リーナ・アンナーブさんは2019年に大使として日本に着任されました。料理がお好きで、食事作りが、大使として多忙な日々の息抜きの時間となっているようです。

ヨルダン・ハシェミット王国は2000年以上も前の古代都市・ペトラの遺跡で知られるように重要な文明の発祥地で、キリスト教、イスラム教の聖地が数多く点在するアラブの国です。ことに、西側に位置するパレスチナは聖地として知られ、多くの習慣や伝統を共有しています。伝統的な民族衣装にも、ギリシャ、ビザンチンの巡礼者や、キリスト教会の影響は大きく、ヨルダンの素朴な衣装に金糸の刺繍を施す

ソーブという正装の大使

ソーブというロングドレスの正装です。大使に着任し、天皇陛下に信任状を捧呈する儀式でお召しになりました。黒地シルクに繊細な模様がクロスステッチでカラフルに刺繍されています。背景の絵画にはヨルダンの国花・ブラックアイリスが描かれています。

清水ときデザインの椿を描いた訪問着です

淡いピンク地に群れ咲く椿を裾濃染めに描いた、華やかな手描き友禅の訪問着です。大使はきものは白地がお好きということから、明るく春らしいこの一枚を選んだところ、たいそうお気に召してくださいました。

日本人女性が誇りとしているきものに魅了されています。
着付けを習って、さらに
日本文化を理解したいと思っています
——リーナ・アンナーブさん

ユネスコの世界遺産にも登録されているヨルダンの自然保護地域「ワディ・ラム」の民族衣装姿の女性です。(このページの写真3点とも提供／ヨルダン・ハシェミット王国大使館)

アンナーブ大使は料理がお好きで、公邸でのおもてなしの際にいつも手料理を振る舞うそうです。 1.ヨルダン全土で作られる冬の郷土料理です。ラシューフというディップの一種で右下のアラビック・ブレッドに付けて食べます。
2.黄色いほうはヨルダン南部の町アマーンの料理で特別な日や慶事に振る舞われるサワーライス。白いほうは山羊や羊のミルクから作られるヨルダンフードでジャミードといいます。濃厚なヨーグルトを乾燥させ、ボール状にした保存食。伝統的に多くのベドウィンが作っています。

1

2

きっかけを作ったり、布の染色法や織り技法の発展に貢献したといわれています。ところが残念なことに、1850年以前の衣装の現物はヨルダンに残っておらず、当時の巡礼者や旅人が書き残した資料から知るしかないのだそうです。そんななか、アラブの伝統文化存亡の危機を感じて、長年伝統衣装を収集してきた、民族衣装研究の第一人者、ウィダード・カワール夫人の活動に触発され、ヨルダンでも、民族の伝統衣装を見直し、継承・保存する動きが始まっています。大使が84ページでお召しのソーブは、着任時、天皇陛下に拝謁の際に着用された正装。黒地に手刺繍が施され、袖口が少し広がっています。次ページでお召しのソーブも黒地で、豪華な刺繍が鮮やかな正装。どちらもヨルダン北部・アジュルンという都市のものです。

　また、遊牧民族・ベドウィンの衣装は刺繍の色で女性の立場を表すのだそうです。花嫁はさまざまな赤の刺繍を施した衣装に、夫を亡くした場合を考えて喪の色・青の刺繍を加えておき、再婚した際は青の上に赤の刺繍を加えるそうです。

　大使はきものが大好きで、着付けを習って早く自分で着られるようになりたいそうです。きもの姿の背景の額には、「平和」への願いを込めて日本語とアラビア語で文字が書かれています。

ドレスという意味をもつ「ソーブ」は、長袖の伝統的なロングドレスで、
その土地特有の模様やデザインが施されており、通常は、カラフルなクロスステッチのほか、
さまざまな種類の刺繍で彩られているのが特徴です。このソーブは、お母様から受け継いだお気に入りの華やかな逸品です。

リトアニア共和国

オーレリウス・ジーカス大使
クリスティーナ・ジーキエネ夫人
令嬢スニエゲ・ジーカイテさん

エプロンの
色柄に地方色

リトアニアの5つの地方にはそれぞれ特色があります。大使はシャツにベストを着けた姿。夫人は出身地の南リトアニア地方の衣装で、エプロンはダークな色彩の花柄の織物が特徴。お嬢様は西リトアニア地方のもので、エプロンは白地に赤いストライプの織物が特徴。

きものは、季節の移り変わりに合わせて
色、模様、雰囲気まで
変えるところが素晴らしいですね
——クリスティーナ・ジーキエネさん

清水ときデザインの訪問着と振袖で

夫人は黒地に辻が花模様の絞りの訪問着に有職織物風の格調高い袋帯。お嬢様はシャボン玉模様の可愛らしい振袖に、緻密な花唐草模様の名物裂写しの袋帯を合わせた装い。

上質なリネン製品も有名で、日本にも多数輸出されています。右はリネンの服を着た人形と布。左はリネンのふきん。

5つの地方からなり、伝統衣装にもそれぞれ特色があります

リトアニア共和国は、北海道より少し小さい国土に280万ほどの人が暮らしています。

地方によって民族衣装に異なる特徴があり、ライフステージによっても変わるという装いを大使ご一家に紹介していただきました。

オーレリウス・ジーカス大使ご一家は、2022年5月に来日されました。夫人は南リトアニア地方のズーキヤのご出身で、リトアニア第2の都市・カウナスで大学時代を過ごされました。カウナスは「命のビザ」で有名な外交官・杉原千畝氏ゆかりの地として日本人に馴染み深いところです。

リトアニアには東、西、西南、南、沿岸の5つの地方があって、それぞれ自然、衣装、食文化、家の形などが異なっているそうです。伝統衣装はブラウス、ベスト、スカート、エプロンを着用し、装飾としてサッシュベルト、手首隠しと琥珀のアクセサリーなども身に着けます。既婚女性はスカーフや

右から時計回りに、蜜蠟製の蠟燭。蜜蠟製のはちみつ入れ。はちみつ製の古酒。リトアニア国家遺産に認定されている、世界最古の歴史をもつという、はちみつ酒「ミード」。

西南リトアニア地方では赤糸刺繍の白ブラウス、紺の織りのベスト、紺地に大きな花柄の刺繍のエプロンを掛けます。

海岸地方の民族衣装です。白いブラウスに黒糸の刺繍、ベルベットのベストを着て竪縞の織物のエプロンを掛けます。

東リトアニア地方では赤糸刺繍の白ブラウス、ウールのベスト、タータン調スカートに赤糸刺繍の白いエプロンを掛けます。

ウィンプルという帽子、未婚女性は花輪か冠を着けます。衣装の素材はおもにリネンとウールで、近代以降は木綿も用いられています。

　リトアニアはことに上質なリネンとはちみつが有名で、肌触りのよいリネンは古くから生活全般で大切に活用され、重要な輸出品ともなっています。はちみつは世界最古と伝わるはちみつ酒「ミード」が有名です。

　昔から、リトアニアの女性は長い冬の間、織物や刺繍をして過ごし、こしらえたものはお嫁に行く日のために手元に溜めておきました。織物をたくさんこしらえた女性は働き者として人々の尊敬を集めたということです。

　現在、伝統衣装は日常生活から姿を消しましたが、夏至祭や収穫祭では用いられますし、ユネスコ世界無形文化遺産にも登録されている「歌と踊りの祭典」では、2万人が歌い、9000人が民族衣装で踊ります。

　夫人はカウナスのお気に入りの店で家族全員の伝統衣装を誂えられたそうです。

清水ときの芸術的感性が輝く「きもの芸術館」にようこそ

清水ときが心血を注いで収集した価値の高い浮世絵などの絵画、工芸美術、染織資料、結髪芸術などで、日本人の「衣」の歴史がわかる貴重な芸術館です。

「きもの芸術館」の入り口を入ると、
正面に100羽のトキを描いた訪問着「飛翔」が
展示されています。東京友禅の名匠・高橋孝之制作。

とき小袖がお迎えします

清水さんが表紙カバーで着用した訪問着。
光琳水の流れを見ながら雲間を飛び交う
優美なトキの姿が描かれています。

清水学園創立者
清水登美先生を偲んで

愛してやまない母・登美先生の
洋装作品と、人間国宝・小宮康正作品と
高橋孝之作の一珍染を並べて。

清水とき白寿記念制作「飛翔」

青海波の海原を見ながら大空高く舞う99羽のトキのなかで、
ひときわ大きい2羽は清水さんと母の登美先生。
そして、裏を返すと八掛に100羽目の1羽が描かれています。
2羽を取り巻いてともに飛ぶのは教え子たちでしょう。

全力で応援
(染織の故郷を訪ねて)

全国の染織産地の応援は、
ライフワークのひとつ。
行く先々で励ましながら
染織品を求めました。
その各地の製品の
コーナーです。

国際交流
(きものでこんにちは)

『美しいキモノ』の連載で
各国大使夫人が
お召しになった訪問着と
清水さん自身が着用した訪問着を
展示しています。

文学の世界を
表現した作品

愛読した文学作品から、
特に好んだ詩歌を
きものをキャンバスにして
デザインしています。
手前は北原白秋の
「落葉松」をイメージして。

きもの美の神髄を伝える「とき小袖」

「とき小袖」は近世の豊かな小袖文化へのオマージュ。左手前は自ら揮毫《きごう》した一枚。「とき小袖」の命名は発表時の『美しいキモノ』編集長。

清水ときデザイン名作選

右手前から時計回りに小袖「紅葉の錦」、帯もお揃いの「梅樹と流水」訪問着、きものドレス「乱舞」、小袖「紅葉狩り」。

第二章
『美しいキモノ』に見る清水ときの足跡

清水ときさんは著作のなかで
「私の人生は『美しいキモノ』とともに
歩んできたと思っています。
傍らにはいつも『美しいキモノ』がありました」
と述べているように、
編集部より幾度となく取材を受け、
そのたび惜しみなく知識と愛情を注ぐ、
切り離せない絆で結ばれた間柄となりました。
この第二章では、その『美しいキモノ』誌上に
長年にわたり掲載された記事から
足跡をたどります。

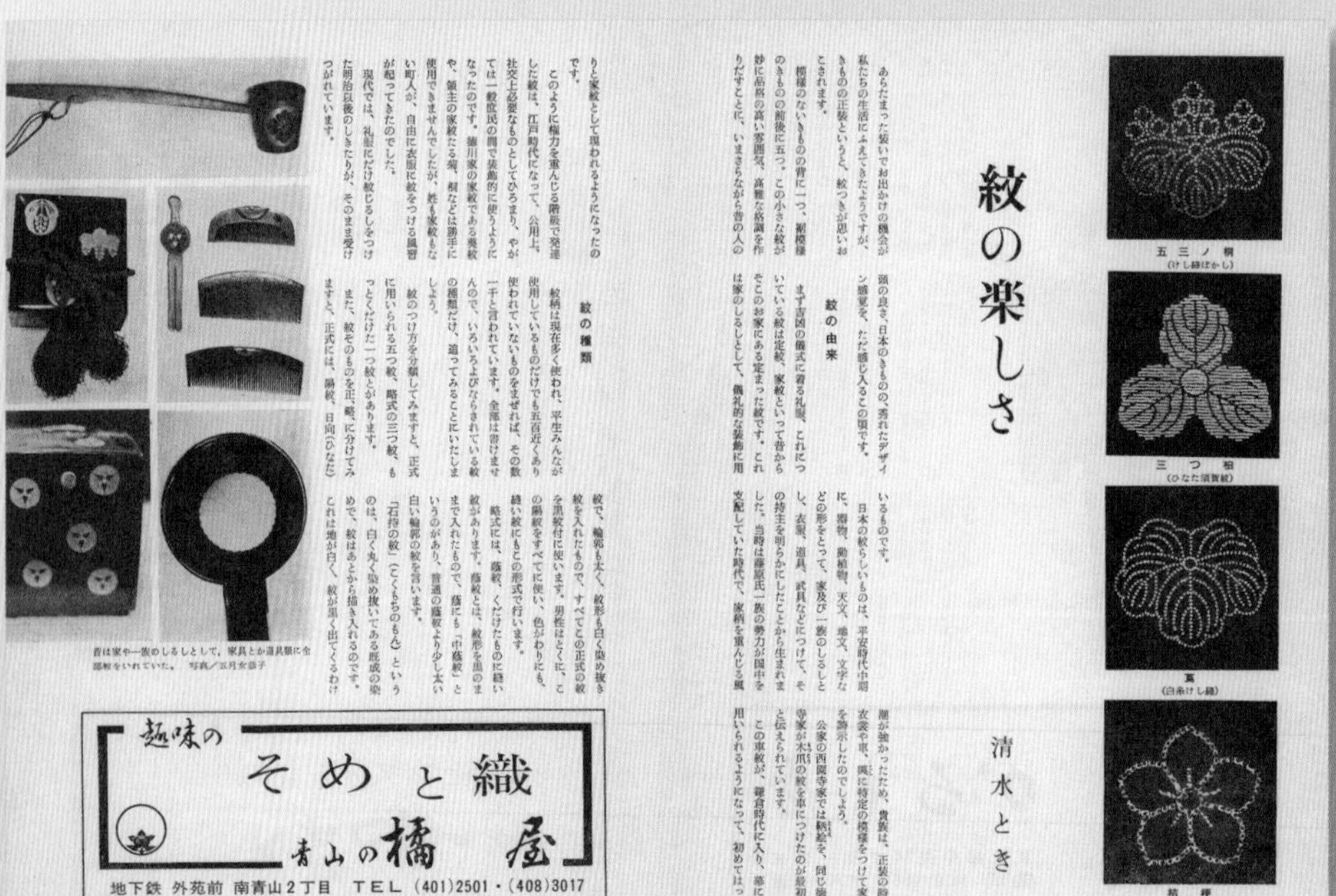

紋の楽しさ

清水とき

あらたまった装いでお出かけの機会が私たちの生活にふえてきたようですが、きものの正装というと、紋つきが思いおこされます。

模様のないきものの背に一つ、裾模様のきものの前後に五つ。この小さな紋が妙に品格の高い雰囲気、高雅な格調を作りだすことに、いまさらながら昔の人の頭の良さ、日本のきものの、秀れたデザイン感覚を、ただ感じ入るこの頃です。

紋の由来

まず吉凶の儀式に着る礼服、これについている紋は定紋、家紋といって昔からそこのお家にある定まった紋です。これは家のしるしとして、儀礼的な装飾に用いるものです。

日本の紋らしいものは、平安時代中期に、器物、動植物、天文、地文、文字などの形をとって、家及び一族のしるしとし、衣服、道具、武具などにつけて、その持主を明らかにしたことから生まれました。当時は藤原氏一族の勢力が国中を支配していた時代で、家柄を重んじる風潮が強かったため、貴族は、正装の時の衣裳や車、輿に特定の模様をつけて家柄を誇示したのでしょう。

公家の西園寺家では鞆絵を、同じ徳大寺家が木爪の紋を車につけたのが最初だと伝えられています。

この車紋が、鎌倉時代に入り、幕府にも用いられるようになって、初めてはっきりと家紋として現われるようになったのです。

このように権力を重んじる階級で発達した紋は、江戸時代になって、公用上、社交上必要なものとしてひろまり、やがては一般庶民の間で装飾的に使うようになったのです。徳川家の家紋である葵紋や、領主の家紋たる菊、桐などは勝手に使用できませんでしたが、姓も家紋もない町人が、自由に衣服に紋をつける風習が起ってきたのでした。

現代では、礼服にだけ紋じるしをつけた明治以後のしきたりが、そのまま受けつがれています。

紋の種類

紋柄は現在多く使われ、平生みんなが使用しているものだけでも五百近くあり使われていないものをまぜれば、その数一千と言われています。全部は書けませんので、いろいろよびならされている紋の種類だけ、追ってみることにいたしましょう。

紋のつけ方を分類してみますと、正式に用いられる五つ紋、略式の三つ紋、もっとくだけた一つ紋とがあります。

また、紋そのものを正、略、に分けてみますと、正式には、陽紋、日向(ひなた)紋で、輪郭も太く、紋形も白く染め抜き紋を入れたもので、すべてこの正式の紋を黒紋付に使います。男性はとくに、この陽紋をすべてに使い、色がわりにも、縫い紋にもこの形式で行います。

略式には、陰紋、くだけたものに縫い紋があります。陰紋とは、紋形を黒のままで入れたもので、陰にも「中陰紋」というのがあり、普通の陰紋より少し太い白い輪郭の紋を言います。

「石持の紋」(こくもちのもん)というのは、白く丸く染め抜いてある既成の染めで、紋はあとから描き入れるのです。これは地が白く、紋が黒く出てくるわけ

五三ノ桐
(けし縫ぼかし)

三つ柏
(ひなた須賀紋)

蔦
(白糸けし縫)

桔梗
(しぼり縫)

昔は家や一族のしるしとして，家具とか道具類に全部紋をいれていた。　写真／五月女静子

213　212

『美しいキモノ』初出の記事 1967年 冬 新春号

著者として初めて『美しいキモノ』に登場したページで、紋の歴史や種類、楽しさを語っている6ページの特集記事です。肩書は「東京服装学園副園長」となっています。

1

大使館を訪ねて国際交流

海外での大規模なきものショーや清水学園のステージでの大使夫人のきものショーなど、さまざまな国際交流の活動のなかで、1998年冬号から2000年冬号まで10か国の大使館を訪問して互いの国の民族衣装で交流してきました。そのなかから4カ国の大使館訪問のページをご紹介します。

ルワンダ共和国

ルワンダの大使夫人のオデット・ムタングハさんとは民族衣装から感じる品格や奥ゆかしさについて親しくお話。

モンゴル国

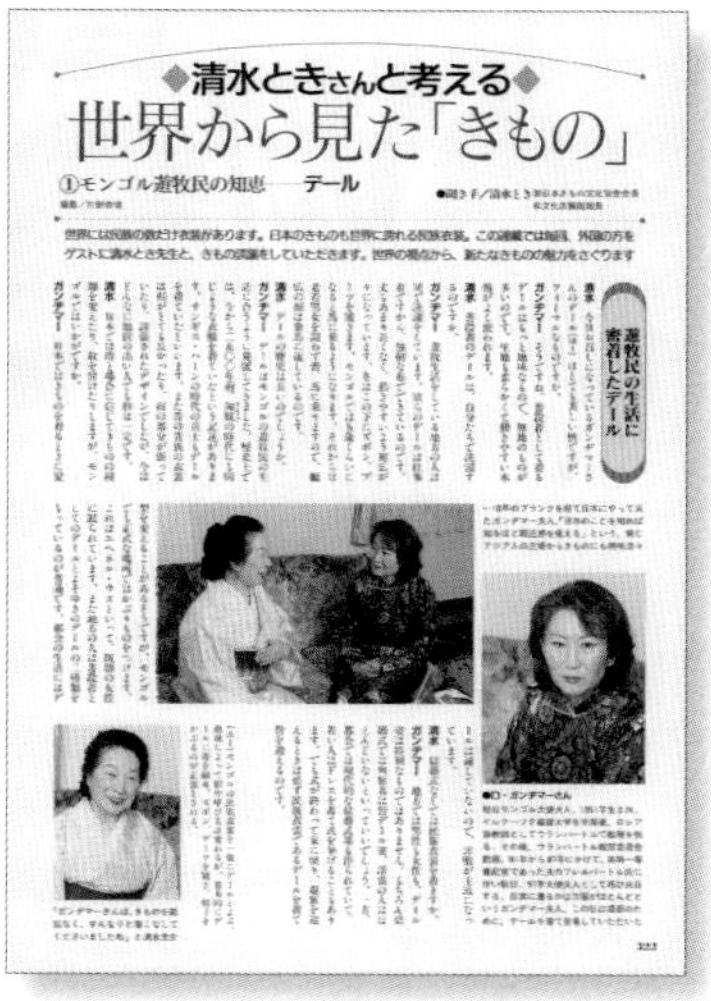
◆清水ときさんと考える◆
世界から見た「きもの」
①モンゴル遊牧民の知恵——デール

モンゴル大使夫人のD・ガンヂマーさんとはデールという遊牧民の民族衣装の形と機能について濃いお話を。

ノルウェー王国

民族衣装から見た
ノルウェーの色・日本の色

イングリット・ファルスナー大使夫人とは自国の歴史や文化、ルーツを知るために民族衣装は大切と意気投合。

スウェーデン王国

◆清水ときさんと考える◆
世界から見た「きもの」
⑤地方色豊かなスウェーデンの民族衣装

スウェーデン大使夫人のエヴァ・クムリーンさんとは鮮やかな刺繍と空の色によって変わる民族衣装の色について。

2

著名人との交流

２００１年から２年間、交遊がある著名人とのきもの談議を連載しました。文学者、芸術家などさまざまな分野の方々からきものにまつわるエピソードを引き出した、ほかでは見られない対談集だったといえるでしょう。

ここでは８名の方々にご登場いただいたシリーズから、一部を紹介します。

2001年 春号

女性代議士の草分けとして活躍し、のちにさまざまな社会活動に尽力された
園田天光光さん。伝統芸能にも造詣が深く、
お仕事や私生活での思い出のきものを披露されました。

学校法人 堀越学園副理事長
堀越すみこさん

2001年 夏号

堀越さんとは、思い出深いきもののことから、ご主人で堀越学園理事長・堀越克明氏のお祖母様・堀越千代さんと清水家との交流などへと話が広がりました。

2001年 秋号

日本近世文学や江戸文化の研究者・田中優子さんは、きもの通としても知られています。

田中さんの装いからきものの歴史や江戸文化にも話題が広がり、話が弾みました。

華道家 安達瞳子さん

2002年 冬号

「生活の中に花が自然の生命として存在することが大切」と語った安達瞳子さんに、
清水さんは「きものも同じで、もっと生活の一部になってほしい」と深く共感していました。

3

デザインの才能を輝かせて

清水ときデザインのきものは、多くの有名女優が着用し、華やかに誌上を飾りました。個性豊かな柄ゆきをはじめ、独特の仕立て方など、時代をリードする提案の数々には読者からも大きな反響がありました。

春を楽しむ
「いろは小袖」

1974年 春号　モデル／藤 宏子

桜の花を背景にいろは歌が筆文字で書かれたきものは、白地にモノトーンを基調とした表地と真っ赤な比翼のコントラストも印象的です。小袖風の着装で。

「とき小袖」の
パーティ着

1971年 春号　モデル／香山美子

江戸時代の風俗画に見られる小袖姿の美を現代に生かした作品。格調高い向い鶴模様のきものを丸みのある短い袂に仕立て、細帯を締める着装を提案。

久留米絣の
「フード付きコート」

1994年 冬号　モデル／三谷侑未

アイディアに富んだデザインのコートは、発表のたびに人気を博しました。久留米絣のコートは二部式の実用性と民芸風の味わいが魅力です。

文学をきものに
『智恵子抄』

1975年 秋号　モデル／三田佳子

近代の文学作品をイメージして制作したシリーズのひとつで『智恵子抄』の一節にある「ほんとの空」を描いたきもの。丸みのある袂です。

4

染織産地応援の旅 34カ所

2010年、秋田県北秋田市綴子《つづれこ》に秋田八丈の伝統技法をひとりで守っている
奈良田登志子さんの応援に赴きました。ハマナスの根を煮出した液でうきうきと糸を染める清水さん。

清水ときさんは日本全国の染織産地にひときわの愛着をもって指導を続け、産地とのふくよかな交流は長く続きました。教え子たちを産地に同行し、より深く風土と染織品との切り離せないつながりを学ばせようともしたのです。また、『美しいキモノ』誌上では２００７年春号で千葉県館山市に館山唐桟を訪ねたのを皮切りに、２０１４年の沖縄の琉球紅型まで、全34カ所に応援の旅を続けました。ここに、その奮闘の様子をご紹介します。

福岡県福岡市 ❖ 博多織

「筑前織物」丸本繁規社長（左）と「福絖織物」丸本徹専務と。（２０１４年 春号）

新潟県小千谷市 ❖ 小千谷縮

小千谷一の老舗「西脇商店」の西脇一隆社長とは夏織物の活況ぶりの話を。（２０１４年 夏号）

京都府京都市 ❖ 西陣織

能装束を背景に「渡文」社長の渡邉隆夫さんとのツーショット。（２０１４年 秋号）

沖縄県那覇市 ❖ 琉球紅型

紅型の故郷・沖縄では紅型宗家「城間家」当主の城間栄順さんと旧交を温めて。（２０１４年 冬号）

山形県西置賜郡 ❖ 白鷹《しらたか》御召《おめし》・米琉《よねりゅう》

白鷹御召の織元・小松紀夫さんからは板締め絣の製法を見せてもらいました。(2007年 秋号)

静岡県浜松市 ❖ ざざんざ織

ざざんざ織の孤塁を守る平松久子さんと暖かくて丈夫な地風についてお話を。(2007年 冬号)

千葉県館山市 ❖ 館山唐桟

齊藤家制作の貴重な館山唐桟を着て、作り手の齊藤裕司さんを訪ねました。(2007年 春号)

埼玉県秩父市 ❖ 秩父銘仙

秩父銘仙の織元「逸見織物」では逸見敏社長と昔話に花を咲かせていました。(2007年 夏号)

群馬県伊勢崎市 ❖ 伊勢崎銘仙

齋藤定夫さんを訪ねて、一世を風靡した伊勢崎銘仙の話がはずみました。(2008年 春号)

東京都武蔵村山市 ❖ 村山大島紬

村山大島を着て、「村山織物協同組合」
理事長の萩原勝利さんと。(2008年 秋号)

東京都新宿区 ❖ 東京染

友禅作家・高橋孝之さんの作風を清水さんは
大好き。きもの芸術館でも展示。(2009年 秋号)

徳島県徳島市 ❖ 阿波しじら織

徳島が誇る阿波藍染めの阿波しじら織では
老舗織元の長尾藤太郎さんを訪ねて。(2008年 夏号)

新潟県南魚沼市 ❖ 塩沢紬

織元「南雲織物」の南雲正則さんとは
28年ぶりに旧交を温めました。(2008年 冬号)

愛知県名古屋市 ❖ 有松・鳴海絞り

江戸時代から続く豪商の「竹田嘉兵衛商店」社長の
竹田嘉兵衛さんと。(2009年 春号)

新潟県十日町市❖明石縮

明石縮の応援に十日町市の織元「吉澤織物」の
吉澤愼一社長を訪ねました。（2009年 夏号）

茨城県結城市❖結城紬

結城を代表する織元「奥順」の奥澤武治社長と
楽しい時間を過ごしました。（2009年 冬号）

静岡県島田市❖葛布

大井川の河川敷で葛布の材料・葛の蔓を採集。
左は葛布作者の村井龍彦さん。（2010年 春号）

新潟県南魚沼市❖塩沢小絣

織元「やまだ織」の
山田博夫社長と千晴さん夫妻と親しくお話を。
（2010年 夏号）

秋田県北秋田市❖秋田八丈

秋田八丈をひとりで守る奈良田登志子さんと
黄金のように輝く糸を眺めて。（2010年 冬号）

静岡県浜松市 ❖ 注染ゆかた

厳寒期は注染中形製作の最盛期。「二橋染工場」
二橋教正社長と震えながら。（2011年 夏号）

鹿児島県大島郡 ❖ 本場奄美大島紬

本場奄美大島紬を訪ねて「越間絹織物」の
本社ショールームで越間《こしま》多《た》輝《き》鐘《かね》社長と。
（2011年 秋号）

鹿児島県鹿児島市 ❖ 本場大島紬

本場大島紬の応援に鹿児島市の
「窪田織物」の窪田茂社長を訪問。（2010年 秋号）

東京都八王子市 ❖ 長板中形

江戸から続く長板中形技法をつなぐ
「野口染工場」の野口 汎さんと。（2011年 夏号）

群馬県桐生市 ❖ 桐生織

昔なじみの「桐生織物協同組合」後藤隆造理事長と
話がはずみました。（2011年 春号）

山形県米沢市❖紅花紬

米沢市の旧家・新田家で当主の新田英行さん・妙子さん夫妻と紅花紬を手に。(2012年 春号)

京都府京都市❖京友禅

「京都誂友禅工業協同組合」元理事長で「古代友禅」近藤哲生社長と。(2011年 冬号)

石川県白山市❖牛首紬

牛首紬の織元「加賀乃織座」西山博之専務と座繰り糸を取る作業を熱心に。(2012年 秋号)

岡山県津山市❖作州絣

「作州絣保存会」の日名川茂美さん(右)と藤原佐知子さんと一緒に。(2012年 夏号)

京都府京丹後市 ❖ 藤布

幻の原始布・藤布を織り継ぐ小石原将夫さんを訪ね、
原料の藤蔓を持って。(2013年 夏号)

東京都新宿区 ❖ 東京染小紋

東京の老舗染元「富田染工芸」の富田篤社長と、
江戸更紗を胸に当てて。(2012年 冬号)

山形県米沢市 ❖ 草木染

「野々花染工房」の諏訪好風さん(右)と月見草染めを行う山崎世紀さんと。(2013年 春号)

石川県金沢市 ❖ 加賀友禅

加賀友禅界をリードする「毎田染画工芸」の
毎田健治さんの作品に囲まれて。(2013年 冬号)

静岡県浜松市 ❖ 遠州綿紬

明るくカラフルな木綿織物・遠州綿紬は
「ぬくもり工房」の大高 旭《あさひ》さんと。(2013年 秋号)

5

着こなしときものの知恵

きものを愛し、長きにわたり、1年365日、教育者としての毎日をきもので通してきた経験から、着こなしのアイディアとおしゃれのコツを『美しいキモノ』誌上で提案・紹介し続けました。

2011年 夏号

ひとえのカジュアルな着こなしとして提案したのは、
絹麻交織の新潟・六日町産の紬に菊唐草模様の型染のなごや帯。

夏の着こなし（紗合わせ）

2011年 夏号

初夏の贅沢なおしゃれ着としての提案は、カキツバタ模様がみずみずしい茄子紺地の紗合わせ。

七宝文の袋帯を合わせています。

ふさわしい袖の形

2003年 秋号

袖丸みの大きな元禄袖が好みの清水ときさんは、
竪縞以外のほとんどのきものをこの袖にしていて重宝しているとのことです。

2003年 春号

なごや帯は、
「なごや仕立て」「開き仕立て」も
ありますが、
清水さんは前帯幅を
好みで変えられる
「松葉仕立て」を愛用とのこと。

2003年 冬号

長襦袢は
「関東仕立て」「関西仕立て」
「名古屋仕立て」とあるなかで、
現在では地方に関係なく
「関西仕立て」が
一般的になったお話を。

2004年 冬号

暖かくて汚れも目立たず、
着心地もよいウールのきものの
実用性を評価して、
普段着に活用してほしいと
提案しています。

2004年 春号

清水ときデザインの
二部式きものは、
お気に入りの働き着です。
帯を締めればきもの姿になり、
うわっぱりとしても大活躍。

雨ゴートの着分け方

2005年 夏号

フルレングスの雨ゴートに見えますが、実は清水ときオリジナルの二部式です。
絵羽模様を染めてあるためドレッシーな着姿になっています。

清水とき・きもの人生　九十九年の歩み

大正13年（1924年）◉8月10日、岐阜県稲葉郡日置江村に生まれる
昭和2年（1927年）◉父・清水造一死去
昭和6年（1931年）◉私立帝国小学校入学
昭和17年（1942年）◉日本女子大学付属高等女学校卒業
◉日本女子大学家政学部第二類入学
昭和20年（1945年）◉日本女子大学家政学部繰り上げ卒業
昭和21年（1946年）◉日本女子大学補習授業のため再登校
◉母・登美病気のため東京服装学園校長代理に就任
昭和27年（1952年）◉「清水とき」の名を使用し始める
◉東京都民政局「新生活運動・衣類部門」専属委員に就任
◉日本化学繊維協会の専属研究開発委員に就任

昭和30〜31年（1955〜1956年）◉松坂屋上野店呉服部、
白木屋百貨店（後の東急百貨店日本橋店）、
名古屋オリエンタル中村百貨店（現・名古屋三越）の
顧問デザイナーに就任
昭和36年（1961年）◉アラブ連合共和国エジプト綿ファッションショーを
プロデュース。「東洋讃歌」の題できものショーを開催
◉皇后陛下ご来臨の日本橋三越「絹の祭典」に
創作きものを出品
昭和41年（1966年）◉カナダモントリオール万博、日本館で創作きものを展示
昭和42年（1967年）◉渋谷公会堂にて「きもので綴る明治百年」ショーを初演。
NHK及び民放各局で放映。
その後、全国百貨店にて巡回展開催

No.373.1997.5月
きもの文化
全きもの界に話題を投じた
本協会主催イベント
〝国際きもの文化フェスティバル〟
〈世界きもの祭〉
盛況裡に開催
清水とき先生きもの道50年・メモリアルショウ
「幻，現」に10,200人の喝采
50年の感慨こめて…

1997年　学校法人「清水学園」創立80周年、清水ときのきもの道50年、「日本きもの文化協会」（現「国際文化きもの学会」）設立25周年を記念して「世界きもの祭」開催。

2010.10 No.394
きもの文化
熱く壮麗な清水ときデザインのきもの
昭和の時代の薫りをのせて次々と登場
清水登美先生を偲ぶ会
清水とき「きもの母さん」出版記念
メモリアルきものショー華やかに開演！
清水登美先生の献花式
会場に大きな感動を呼んだメモリアルきものショー

2010年　清水とき著『きもの母さん』出版記念、メモリアルきものショーが華麗に開催。清水ときデザインのきもの142着がトップモデルによって次々と披露されました。

2013.11.1 No.399
きもの文化
祝　国際文化きもの学会発会式
清水とき先生誕生日を祝う会開催

2013年　きもの文化伝承を軸に伝統的技術の保存・育成、発展に寄与していくために設立された、「国際文化きもの学会」発会式がホテルニューオータニにて賓客を迎えて開催。

昭和45年（1970年）◉大阪万博・日本繊維館シルク部門の
総合プロデュースを担当。作品展示及びきものショー
「現在・過去・未来」で創作作品を発表。
またコンパニオンのきもののデザイン、製作を担当
昭和46年（1971年）◉ソ連（当時）モスクワの国際見本市にて日本代表として
デザインきものを発表。プラウダ紙に掲載される
昭和47年（1972年）◉東京服装学園校長就任
◉三越日本橋本店呉服部顧問デザイナーに就任
◉五カ年計画にて「日本の美」シリーズショーを開始
昭和49年（1974年）◉（財）日本きもの文化協会、文部大臣より財団法人認可される
昭和50年（1975年）◉（財）日本きもの文化協会二代目会長に就任
昭和51年（1976年）◉校名を「清水学園専門学校」と改称。学校長に就任
昭和52年（1977年）◉大日本蚕糸会総裁高松宮殿下より
「蚕糸功績賞」を受ける
昭和55年（1980年）◉東京会議所会頭表彰（和裁検定試験に協力）
昭和56年（1981年）◉日本きもの文化使節団を組織し、
田中角栄元総理の推薦で団長として
国交回復した中国を民間初の訪問
昭和63年（1988年）◉藍綬褒章受章（きもの文化の普及振興により）
平成元年（1989年）◉昭和天皇大喪礼に「日本で活躍する女性百人」に
選ばれ参列
平成2年（1990年）◉労働大臣（現・厚生労働大臣）表彰（和裁技能向上に貢献）
平成5年（1993年）◉清水とき記念館・和文化衣裳館（現・きもの芸術館）を開館
平成6年（1994年）◉5月16日、母・清水登美死去。正六位の位記をいただく
◉通産大臣（現・経済産業大臣）表彰（伝統工芸の振興に貢献）
平成8年（1996年）◉勲四等瑞宝章受章（きもの教育の全国的な文化活動により）
平成9年（1997年）◉清水とききもの道50周年記念
「国際きもの文化フェスティバル・世界きもの祭」を
新規開館の東京国際フォーラムで開催。
約120ヵ国の大使夫人も民族衣装で参加

平成12年（2000年）◉文部大臣（現・文部科学大臣）表彰（通信教育における貢献）
平成14年（2002年）◉外務大臣より感謝状授与（国際文化交流における貢献）
平成16年（2004年）◉文部科学大臣より感謝状授与
（生涯学習フェルティバル「まなびピア」に貢献）
平成17年（2005年）◉愛知万博にてきものショー「朱鷺幻想」を開催
平成18年（2006年）◉厚生労働大臣より感謝状授与
（「現代の名工」審査審議委員長最長在任者としての功績）
◉高円宮妃殿下に人間国宝・平良敏子氏の
芭蕉布についてご進講
平成20年（2008年）◉文部科学大臣より感謝状授与
（社会通信教育の発展普及に貢献）
平成22年（2010年）◉『きもの母さん』（アシェット婦人画報社、現・ハースト婦人画報社）を
出版し、記念メモリアルショーを開催
平成24年（2012年）◉「清水とき米寿の会」をホテルニューオータニで開催
平成25年（2013年）◉清水造一生誕130年祭、清水登美生誕120年祭、
清水学園創立100周年記念式典を開催
◉一般財団法人国際文化きもの学会認可
（（財）きもの文化協会改称）
◉『九十歳で現役！ 清水ときの教え きものに生きる』
（ハースト婦人画報社）を出版
平成27年（2015年）◉DVD『「負けるものか！」〝登美〟と〝とき〟
女二人大地をゆく』制作
平成28年（2016年）◉「『愛』きものと共に半世紀—清水ときとその弟子たち」
ショーを中日劇場で開催
令和元年（2019年）◉『清水とき国際交流の記録 世界のきもの母さん』
（ハースト婦人画報社）を出版
◉「清水とき先生半身像」完成（制作・北郷 悟氏）
令和5年（2023年）◉「白寿記念 清水とき展」をきもの芸術館で開催

撮影　宮川 久
秋山庄太郎　伊藤千晴　後 勝彦　緒方栄二
川名秀幸　木村真也　立木三朗　塚本博昭
永田忠彦　中村正也　西村 武　山崎陽一
ヘア・メイク　松原志津枝　斎藤由喜江（P58～63）
着付け　清水とき・きものアカデミア
通訳・コーディネイト　片野順子
造本・装幀　岡 孝治＋岡田由美子
構成・取材　富澤輝実子
編集　美しいキモノ編集部
＊本書内の肩書はすべて取材当時のものです。

清水とき国際交流の記録
続 世界のきもの母さん

2024年 2月 1日　第1刷発行

著　者　清水とき
発行人　ニコラ・フロケ
発行所　株式会社 ハースト婦人画報社
〒107-0062
東京都港区南青山3-8-38　クローバー南青山5階
電話 049-274-1400（B2Cセールス部）
www.hearst.co.jp
印刷所　図書印刷株式会社

ISBN978-4-573-60153-6

※一部連絡の取れない著作権者がいらっしゃいました。
もし、ご存じの方がいらっしゃいましたら編集部までお知らせいただけると幸いです。